JN114189

Margaret J. Snowling

Dyslexia: A Very Short Introduction

ディスレクシア

マーガレット・J・スノウリング

監訳::関あゆみ　　訳::屋代通子

人文書院

目　次

日本語版に寄せて

　ディスレクシアには長い歴史があり、時には論争もある。しかし、約50年にわたる科学的研究の結果、少なくともアルファベット表記を使う言語においては、その性質と特徴はよく理解されている。簡単に言えば、ディスレクシアとは、流暢な読み書きの発達に影響を及ぼす学習障害である。本書は、定型発達から得られた知見を背景に、子どもが読字障害に陥りやすい生物学的、認知的、環境的危険因子について知られていることを簡潔に概説することを目的としている。なによりもまず、ディスレクシアは遺伝するものであり、おそらく遺伝子に要因がある。さらに、相次ぐ研究によってディスレクシアの脳の構造と機能がどのように異なるのかが明らかになりつつある。ディスレクシアに関する研究のほとんどは認知レベルでの記述であり、多くの研究がディスレクシアの中核は音韻（音声）処理における言語関連の欠陥であることを示している。音韻の欠陥は、ディスレクシアを予防し、改善するための効果的な介入の出発点である。

　近年、アルファベット言語の読解に関する研究が急増しており、その有力な仮説は、文字システムで使用される記号（文字）の知識、音韻認識、文字や数字の命名の速さ（RAN）からなる、読み学習の普遍的基礎が存在するというものである。日本語のような非アルファベット文字体系における読みの個人差の予測因子として、この

仮説の妥当性を検証することが急務である。英語の観点から見ると、日本のディスレクシアの子どもが直面する課題はてごわいものである。規則的な解読システムである「かな」をマスターしなければならないだけでなく、漢字の読み方を学ばなければならない。漢字の読み方は、言語能力と視覚的知覚能力に大きく依存し、かなりのリソースを必要とする作業である。本書が、子どもの教育や読み能力の低い成人の支援に携わるすべての人々にディスレクシアの認知度を高め、ディスレクシアの研究への関心を高めることを期待している。

マーガレット・J・スノウリング

2023 年 9 月

謝　辞

ディスレクシアに関する研究成果をごく簡潔な入門書にまとめるにあたって助けてくださった、多くの友人と同僚に感謝したい。まず、シルケ・ゴーベル、ビル・カーカップ、フィル・カービー、ダイアン・ニューベリー、デニーズ・クリップス、そしてロブ・ワイクの皆さんは、原稿を読み、意見し、時に手を入れてくれた。ケイト・ネイションとドロシー・ビショップは、わたしの考えの及んでいなかった隙間を埋めてくれた！　グラフィック・デザイナーのディーン・チェシャーと、フミコ・ヘフト、ソナリ・ナグ、ペトラ・ホフマンには、図表の出典を明らかにする力になってもらい、大変に感謝している。ハーマイオニ・リーとソフィー・ラトクリフは、わたしを励まし続けてくれた。

オックスフォード大学セント・ジョンズ・カレッジのサポートなしには、本書は完成を見なかっただろう。わたしを受け入れてくれたダブリンのトリニティ・カレッジと、サバティカルを過ごしたオーストラリア・カトリック大学学習科学研究機構のホストたちにも改めてお礼を申し上げたい。

そして、大勢のディスレクシアの子どもたちとそのご家族が、本書のために貴重なデータを提供してくれた。最後に、執筆の旅路にずっと付き添ってくれ、いつも通りわたしを支え、有益な助言と愛をくれたチャールズ・ヒュームに、いつもありがとう。

図版出典

Skills, Government of Ireland.

24　Tiers of support within the 'response to intervention' approach

25　The author teaching a child with dyslexia using the Orton–Gillingham–Stillman approach at Barts' Clinic in 1979

26　Hypothetical unproven intervention for dyslexia

27　Main components of the published version of the Oral Language Intervention Programme, the Nuffield Early Language Intervention (Oxford, 2018)
Resources taken for the Teach Early Years Awards 2018.

28　An adult literacy group: a medieval woodcut showing a teacher and students
Aristotle, De anima, 1491. The Warden and Fellows of Merton College Oxford, Shelfmark MER 110.B.3.

29　Normal distribution of reading skills, showing different cut-offs for putative dyslexia

30　Model of the relationship between dyslexia and developmental language disorder (DLD)

31　Diagram depicting how risk factors for dyslexia accumulate to lead to 'diagnosis'

第1章　ディスレクシアはあるのか

　読むことと書くことは、ほとんどすべての社会で非常に重要視されている。通信技術がいかに発達したとしても、その重要性は変わらない。読解力が乏しいと困ったことになるし、日々の生活において、読み書きを駆使する力＝リテラシーの大切さが覆ることはまず考えられない。公教育においても、リテラシーは基礎だ。学習内容の多くを、印刷された教材で学ぶからだ。生活を営む上での「サバイバルキット」でもある。賃貸契約にサインするとか、銀行口座を開設するとか、ATMを使うとか、学校からの通信を読むといった場面でもリテラシーが必要だ。そうなると、読んだり書いたりすることが困難な場合、学校の成績うんぬんよりずっと重大で幅広い影響が出ることになる。職業選択にも影響するし、個人の幸福や、精神衛生にも影響は及ぶだろう。直接影響を受ける者だけでなく、社会全般の問題だと言える。

　教育を受けられなかったことが原因でない読み書きの困難は、「ディスレクシア（dyslexia）」と呼ばれる。ディスレクシアは、主として、正確かつ流暢に読む力と文字を綴る力の発達に作用する、学習上の困難と定義することができる。ディスレクシアには別の障害が伴うことがよくある。例えば集中が難しかったり、体系的に考えることが難しかったり、運動機能の調整が難しかったりすることがあるが、これがあるとディスレクシアである、というものではない。

　わたしたちが現在ディスレクシアと捉えている困難が、英語圏で

初めて文献に登場したのは、1896年、一般家庭医のウィリアム・プリングル・モーガン（William Pringle Morgan）が『ブリティッシュ・メディカル・ジャーナル（British Medical Journal）』に寄せた記事だった。医師は14歳になる患者のパーシー（彼は自分の名前のPercyをPrecyとつづっていた）について、「聡明な少年で、活動のこつを呑み込むのも速く、同年代のなかで劣った部分は認められない。ただこれまでも、今も、非常に苦しんできたのが、読むことである」と書いている。パーシーを診察して目にも視覚にも異常がなく、当時としては充分なレベルの教育を受けていることを確認したプリングル・モーガンは、彼の困難は「先天性語盲（congenital word blindness）」である、と結論付けた。文字通りに言えば、目で見た単語の像を、記憶に貯蔵できない障害である。プリングル・モーガンは、脳の左角回と呼ばれる部分の発達不全によるものであろうという仮説を立てた。興味深いことに、パーシー少年は数字は難なく読めて、算数は得意だったので、少年の問題は文字に限定されるものと考えられた。

　今から振り返ってみると、プリングル・モーガンの記述は非常に当を得ている。このあと説明していくが、現在では、ディスレクシアは特異的な学習障害であるという認識が広く受け入れられている。しかしながら、どこまでが「障害」なのか、厳密にはどのような特性があるのか、さらに名称が適切なのかなど、いまだ決着していない論点もある。

　まずは、現代の状況に当てはめたケースを3例見てみたい。この3人については、本書の中でたびたび立ち返ることにする。ディスレクシアの特性やわたしたちの理解について、わかりやすく例示さ

れているからだ。

ボビーの場合

　ボビーは7歳の男児で、話すのは上手だが、読む方は苦労している。一家の長子で、しゃべり始めるのは遅かったが、意思疎通にはまったく問題がなかったので、両親は心配していなかった。おしゃべりを始めたボビーの発語は聞き取りづらく、家族はボビーが何事か伝えようとして「こしらえる」おかしな単語をほほえましく思っていた。

　ボビーの大変さが表に出てきたのは、小学校に入学した時だった。入学以前からボビーは文字や単語をいくつか知ってはいたが、フォニックスが習得できなかった [1]。1年生の終わりのフォニックスのテストの結果はさんざんで、書字のほうは、文字の形は整っているものの書ける単語は最小限で、ボビーが書いた綴りを読み取るのは難しかった。学級では読み方が上手になるよう「補習」班に入れられたが、同じ班のクラスメートたちが上達していくのに、ボビーは少しも上手にならなかった。それどころかどんどん遅れをとるようになり、ボビーは目立ってやる気を失っていった。

ミーシャの場合

　ミーシャは10歳の女児で、入学時から読みに苦労をしていた。両親は、ミーシャが間もなく中学校に上がると、読み書きがもっと難しくなってついていけないのではないかと心配している。

　訳注（1）　フォニックスとは、文字と発音との対応規則のこと。

　ミーシャは学校で、手厚い支援をふたつ（特に読み方の補習）受け、読む方も書く方も格段に進歩した。とはいえ、読み方はまだゆっくりでつかえつかえである。紙面の単語を読み解くのに大変なエネルギーを費やさねばならないため、読んでいる内容にまで目を向けるのはミーシャにはとても難しいことだ。読むのがちっとも楽しくないというのも無理はない。ミーシャは発想が豊かで、お話しを作って絵を添えるのが大好きだ。暇な時間はそうして過ごすのがひとつの大きな楽しみになっている。それでも単語の綴りは不確かで、そのために好成績を得ることができない。ミーシャは最近ますます成績を気に病むようになり、学校に行きたくないと言い出している。

ハリーの場合

　ハリーは30歳の男性で、食品産業の、主にマーケティング分野で働いてきた。特にブランド戦略と広報に素晴らしいアイディアをたくさん持っていて、営業としてもすぐれている。ハリーは学業ではずっと苦労してきたと話す。9歳の時にディスレクシアの診断を受け、両親からも学校の先生からも、読み書きではずいぶんと手助けされてきた。学業を終えたのちには文書に係る業務は避ける——営業職を選んだのもそれが理由——ようにしているが、書式や請求書、納税申告の書類などを書き上げるのに苦労している。

　ハリーは可能な限り読むことを避けていて、これまでに読んだ本はたった1冊（リチャード・ブランソンの『ライク・ア・ヴァージン』）だけだという。必要に迫られれば書くことはする。主にリストで、しなければならないこと、忘れてはいけないことをメモしている。ハリーによれば自分が一番情けなくなるのは読み書きが難しいこと

ではなく、記録力と整理整頓だそうだ。

　三つのケースは、ディスレクシアであるのがどういうことなのか、おおよその感じを伝えてくれる。ディスレクシアのありようは年齢とともに変わり、本人が感じている「症状」も移り変わっていくようだ。とはいえ、問題の核にあるのは、読む際に単語を「読み解く（decoding）」困難と、単語を綴ろうとするときに「文字化（encoding）」する困難だ。その過程を淀みなく進めることができるようにならない。さらに、「特別な手助け」があっても困難な状態が維持される。

　三つのケースでは、併存する他の問題も浮き彫りにされている。ボビーの場合は日ごろの行いに問題が生じるようになり、ミーシャの場合は不安が強くなり、ハリーの場合は、記憶と注意欠陥、整理整頓に問題がある。そうした合併は珍しくないが、それがディスレクシアの結果なのか、原因は別にあるのか完全には解明されていない。

ディスレクシアの医学モデル

　20世紀の初め、「先天性語盲」の研究は、ジェイムズ・ヒンシェルウッド（James Hinshelwood）のような眼科医によって進められた。ヒンシェルウッドはプリングル・モーガンと同時代の人で、後にディスレクシアの「医学モデル」と呼ばれるような症例を報告している。臨床医たちは「先天性語盲」を、特徴的な兆候と症状を伴う孤発性の状態であると見ていた。だが、このような形で読字障害をとらえる考え方は1930年代頃から変わりはじめる。そのきっ

かけとなったのが、アメリカの神経病理学者サミュエル・T・オートン博士（Dr Samuel T. Orton.）の記念碑的な論文、*Disorders of Speech, Language, Reading, and Spelling* だった。

　オートンが示した知見は非常に重要なものだった。博士は、読む困難は家系に及んでおり、家族の一員に読むのが困難な者がいると、親族の誰かが話すことや言葉に困難があったり、吃音があったりすることを指摘していた。彼はこれを脳の側性化（特定の認知機能が脳の左右どちらかに偏ること）が不十分であること、そしてディスレクシアに伴う文字や単語の反転に結び付けた。視覚情報は優位な半球に正しい像を結び、その鏡像が優位でないほうの半球に受け取られると考えられていて、読むというプロセスが正常に進むためには、混乱を招く像はきちんと抑制されることが重要であると理解されていた。オートンは、優位な半球がまだ定まっていない子どもにとっては鏡像を抑制することができず、記号同士、特に「d」と「b」のように裏返しになっている文字は混同されたままになると考えた。博士はこれを説明するのに、「象徴倒錯（strephosymbolia）」という用語を用いた。彼の着想は、ディスレクシアが左利きと関係があるという仮説も含め誤りではあったが、血縁の特性として現れるという観察は正しく、これがディスレクシア理解への道筋を知る手掛かりになった（図1参照）。

　しかしながら、オートンが忘れ去られていないのは彼の仮説の故ではなく、1930年代、彼がボストンのクリニックで始めたある試みのためだ。彼のクリニックで、アナ・ギリンガム（Anna Gillingham）とベッシー・スティルマン（Bessie Stillman）というふたりの優秀な指導者が、読字障害の治療プログラムを開発した。ふ

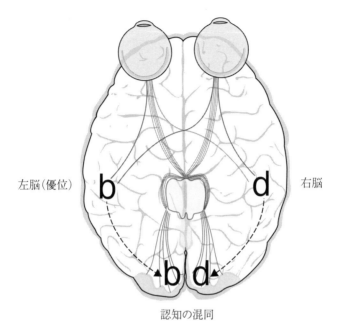

左脳（優位）　　　　　　　　　　　　　　　　右脳

認知の混同

図 1　脳の左右どちらが優位か決まっていないと、左脳と右脳に投影された視覚像が混同されるというオートンの仮説を図で表したもの。

たりは、読字障害は、単語の中の文字の並び方を記憶できないことによると仮定し、それを踏まえて、（誤りがちな）視覚処理に頼らずに記憶表象を確立することを目指した。ふたりが開発したアプローチでは、視覚、聴覚、運動という三つの感覚すべてを用いて学習を補強し、基本的な不全を回避しようとする。「多感覚教授法（multisensory teaching）」と呼ばれる手法だが、実際のプログラムにはもっと多くのアプローチが含まれている。

　子どもたちは、文字や文字列を音と結び付けることによって、書

字の仕組みがどのように成り立っているかを一つ一つ教わる。そうすることで、文字と音の対応、綴りの法則などを培っていくのだ。オートン゠ギリンガム゠スティルマン方式の成功は今も世界的に知られており、何世代にもわたるディスレクシア専門の指導者たちに影響を与えている。これを応用した手法（英国では、「アルファ・トゥー・オメガ」や「ヒッキー・メソッド」などがある）は、今日ディスレクシアの子どもたちの教材の多くで考え方の根幹になっている。

　オートンの後継者たちは、読むことに困難のある子どもたちを教える教員の養成を続け、1960 年代には「ディスレクシア」という語が英国でも使われるようになった。「ディスレクシア」はドイツの眼科医ルドルフ・ベルリン（Rudolph Berlin）による造語で、「不十分な、異常な、困難」を表す dys- に「話し方」を表す lexis を付与している（どうやら当時、ギリシャ語の「話す」=legein と、ラテン語の「読む」=legere が混同されたと思われる）。ディスレクシアに必要なのは教育的支援であることは認められていたものの、医学モデルに基づいた治療の必要性が、英国をはじめ広く喧伝されていたために、親たちは公教育が始まる前に「診断」を得ようとした。

　なかでもディスレクシア診断の権威だったのが、ロンドンにある国立神経学病院のマクドナルド・クリッチリー博士（Dr Macdonald Critchley）で、クリニックで子どもを診断しては、治療に送り込んだ。1963 年、クリニックの近所に識字センター（Word Blind Centre）が開設され、医師、心理士、教員、言語治療士からなるチームが、ディスレクシアの診断と療育を始める。センターで働いていた人々の中にはふたりのパイオニアがいた。ティム・マイルズ教授（Tim Miles）と、サンディーヤ・ナイドゥー博士（Dr Sandhya

Naidoo）で、ふたりともそれぞれに広く読まれることになる著作を発表し、これによってディスレクシア研究は、科学的課題として扱われることになっていく。識字センターは有名になり、親たちは時に長距離をものともせずに子どもたちを連れてきて診断を受け、通常週に一度の特別授業を受けさせた。

　こうした経緯があったにもかかわらず、ディスレクシアは中流階級の障害であるという認識が広まり、教育の分野では次第に軽視されるようになっていった。大変に残念な状況だった。教育程度の高い親ほど「ディスレクシアを診断」してくれるセンターに向かったのは事実だが、それはそうした親ほど子どもの状況に気づきがちだったためであって、その子どもたちだけにニーズがあったわけではない。残念なことに、読んだり書いたりすることにひどく苦労している子どもたちのニーズは、しばしばかえりみられなかった。一貫した手法でそうした子どもたちの特性をとらえ、療育に対する子どもたちの反応を評価することが求められていた。1960 年代にワイト島で 9 歳から 10 歳の全児童を対象に行われた、健康、教育、行動に関する調査はひとつの裏付けになる。

ディスレクシアか、学習障害か

　ワイト島における全数調査は画期的なものだった。島に住む 9 歳から 10 歳になる 2334 人の児童全員が、さまざまな手法で調査された。調査の目的は、精神衛生や学習障害を含め、保健福祉上の問題が児童にどの程度見られるかを把握することだった。多分野にわたる大規模な調査のなかで、マイクル・ラター（Michael Rutter）と

ビル・ユール（Bill Yule）らは、児童の学習到達度とIQの連関を調べた。この手順を加えることで、読みの達成度とそれ以外の認知能力のレベルが同じ程度に低い児童と、読みに限定して困難のある児童（当時はそれがディスレクシアであると考えられていた）とを弁別することができる。

ここで、調査に使われた手法を見ておこう。子どもたちは全員、ウェクスラー式児童知能検査いわゆるウィスク（WISC）検査を受けた。この検査では言語性、非言語性（動作性）、そして全検査IQを判定する。さらに、短文を読み、それについてのいくつかの質問に答える形で読む力の判定も受けた。このテストでは、読む正確さ、速さ、理解度が判定される。IQと読む力には、やや強い相関（およそ0.6）が見られ、言い換えれば能力の高い子どもほど、総じて（正確さと理解度に関して）読み能力も優れていることが見て取れた。

調査チームは次に統計分析を試み、全数調査で得られたデータを基に、全被験者の読みの達成度がどのくらいになるかを、それぞれのIQによって予測した。「予測値」が得られたら、それをその子どもの実際の成績と比べてみて、予測をかなり下回る成績の子が誰かを特定できる。そのように特定された子どもが、読みに「限定して」困難を抱える子ども、ということになる（当時は「特異的な読み遅滞（specific reading retardation）」という表現だった）。ここで肝心なのが、そのように特定された子どもが、医学モデルでディスレクシアとされる子どもと同じであるかという点だ。

その問題に答えるべく、調査チームは読みに限定して困難のある子どもたちを、被験者の中で同じように読みに問題があったけれども、全検査IQが高くなく、達成度の予測値とは大きくはずれてい

なかった子どもたち（「能力が低く、読みの苦手な子」）と比較してみた。言い換えると、ディスレクシアの特性をとらえるために、「予測に反して」読めない子と、「予測通り」読めない子を比べたということだ。

　この比較から得られた結果は示唆に富むものだった。読みに限定して困難のある子と、能力が低くて読みの苦手な子の間には、大きな違いは認められなかった。一方の群が「ディスレクシア」らしく、もう一方が単に「遅い」とは見受けられなかった。実際には、1968年の世界神経学会議（The World Congress of Neurology）でディスレクシアの兆候とされたような「微細神経学的徴候（soft neurological signs）」を裏付けるようなものは何も出なかったのだ。それでいて、両者の違いは雄弁なものだった。読みに限定して困難のある子どもでは、男児のほうが女児よりも多く（比率は3対1）、このグループでは、成育歴のなかで、発語や言葉に関わる遅れや苦手を経験しているのが共通していた。対照的に、能力が低くて読みの苦手な子の男女比はほぼ同数で、発語や言葉に限らず、運動機能も含め広く発達の遅れが認められていた。

　最も注目すべきは、2年後に見た二つのグループの上達度合いが違っていたことだ。追跡調査の結果、基本的な読みに関してみると、読みに限定して困難のある子どもたちは全検査IQが優れているにもかかわらず、能力が低く読みの苦手な子どもたちよりも読みが上手になってはいなかったのだ。このように、ワイト島の調査は、読みに限定して困難のある子どもが、読みの指導への反応がよくないことをうかがわせ、時期的にはかなり早い時点でこの点を実証することになった。

　近年では、ディスレクシアを見分けるのに、読む力を測るより「指導への反応」を見るのが主流になっている。この後見ていくが、読むことに困難があるかどうかを、IQとの乖離で測るやり方は用いられなくなってきている。

ディスレクシアは定義をはねつける

　ワイト島の調査結果は、読むことに限定して困難があるという問題が現実のものであるという事実を動かぬものにするのに一役買った。英国では「特異的学習障害（specific learning difficulties）」という用語が使われはじめ、米国では「学習障害（learning disabilities）」という語が使われるようになった。ところで、ディスレクシアという言葉はどうなったのだろうか。グーグルでディスレクシアを検索すると1100万件ヒットする。「特異的学習障害」でもその半数は出てくる。この言葉がこれほど人口に膾炙しているにも関わらず、ディスレクシアの定義は、実のところいまだ論争中なのである。ディスレクシアの医学モデルと、教育現場における「特異的学習障害」の理解とは、ずっと緊張関係にあったのだ。

　ディスレクシアの問題をとらえようとする時に難しいのは、これが麻疹（はしか）や水疱瘡と違って確固たる診断基準でくくれる病気ではない点だ。読み能力というのは正規分布に従うので（統計学的な言い方で、体重や身長と同様個人差が連続的で、平均値近辺に大勢の人がいるような分布の仕方）、「ディスレクシア」の読み方と「正常な」読み方の間に境界線はない。とはいえ、子どもたちが文字を解読するのに困難があると、内容を理解しながら読む妨げになり、そ

れが学業を達成するうえでは重大な障壁になってくる。

　そこでわたしたちは敢えてこういう問いを立ててみよう。ディス
レクシアの概念はなぜ生き続けているのだろうか。理由のひとつは、
読み書きを習得するのに大変な苦労を強いられていて、教育上の支
援を必要とする子どもが大勢いることだ。さらに、支援がなかった
ばかりに、成績が振るわず、自己評価が下がるという負のスパイラ
ルに陥り、そこから、最初にあげた三つの事例のような、情緒や行
動上の適応障害に至ったという報告が数多く寄せられている。

　とするならば、そうした子どもたちを「ラベリング」することの
要点は、その子たちの教育上のニーズに手を届かせ、支援に結びつ
けることにある。まずは、この子には読み書きの支援が必要ですよ、
と旗を立てることだ。さらに、学習障害は生涯にわたって続くので、
ディスレクシアという名付けは、学校だけでなく職場においても適
切な配慮が必要な場合を伝える役割を果たす。実際、ハリーのよう
な社会人が自分に合った仕事を遂行するには、読み書きで苦しまず
に済むように職場環境を整えることが肝要だ。

　この点で、ディスレクシアは高血圧に似ている。高血圧と「正常
な」血圧には確固たる分岐点があるわけではないが、高血圧を放
置すればさまざまな合併症の起こるリスクが高まる。だからこそ、
「高血圧」の診断を下すことには意味があり、そこから投薬などの
治療につながる。今のところ、ディスレクシアについて、同じ筋道
があるわけではない。万人が一致している判定基準はなく、エビデ
ンスに基づいた対処法も数少ない。だが本書では、読み能力の低下
をもたらすリスク要因については研究者の間で目覚ましく見解が一
致してきていること、さらにエビデンスに基づいた支援方法がます

ます増えてきていることを示していく。ディスレクシアは間違いな
く存在し、その影響を和らげるためにできることはたくさんある
（図2参照）。

図2　ディスレクシア流「ようこそ」

第2章　読みはいかにして身につくのか
（もしくはつかないのか）

　ディスレクシアの研究が数多く行われている目的は、ボビーやミーシャ、ハリーをはじめとする人々が抱える、この一筋縄でいかない学習障害の原因を探ることだ。この問題を取り上げる前に、子どもたちが読み書きを習得していく過程を俯瞰し、習得には何が必要かを考えておく必要があるだろう。

　ボビーもミーシャもハリーもみんな英国人であり、母語で教育を受けている。読み方の発達の研究のほとんどが英語で行われているため、わたしたちは英語を軸にして考えを進めていく。科学研究で得られたデータを基に理論的基盤を組み立て、それを基にして読みを身につける普遍的な側面をまず考え、次に個々の言語に特有の側面を考えてみる。

読みを身につける──発達の枠組み

　教育制度がさほど整っていない国も含め、多くの国では正式に読みを教えはじめるのは、子どもたちが初等学校に入ってからである。しかし、読み書きの発達はそれよりずっと早くから始まっていて、特に読み書き能力を重視している家庭ではそれが顕著だ。当たり前すぎるのだが多くの場合見過ごされているのが、読み書きは話し言葉の土台の上に培われるという事実だ。実際、教育制度という

ものは、児童は入学時、読みを身につけるのに充分なだけ話すことができるという仮定に基づいている。加えて幼児教育では、読むための前段階のスキルを養うカリキュラムが組まれていることが多い。このように、多くの子どもは学校教育の開始時点で本についてはかなりの知識を持っている。（少なくとも英語を読むとしたら）文字は左から右へ書かれていることを知っているし、本は、表から裏へ向かって読んでいくことも知っている。少なくともいくつかの文字にはすでに慣れ親しんでいて、文字名や読み方 (1) を知っている文字もある。

　最も基礎的なところを言うと、読むことは記号を音に置き換える「decode 解読、復号」という作業で、視覚（書かれた文字）から聴覚（発声された音）への移行を要する。文字を知る以前に、読むことの初心者はまず、文字になっている言葉が話されている言葉と対応していることを知らねばならない。読みの指導は主として、この暗号を「読み解く」手助けをすることだ。英語（や、その他のアルファベット言語）では、解読には「書記素（grapheme）と音素」の対応を学ぶ必要がある。

　具体的には、ある文字や文字の組み合わせが、話し言葉のどの音と対応しているかを知ることだ。これは生半可な作業ではない。ごく自然に身につけた言語を使う時、子どもは自分の使っている単語について無意識で、ひとつひとつの音には注意を払っていない。だがこれこそが、解読を習得するために必要なことなのだ。

　実際には、子どもたちも次第に、単語はいくつかの単位に分けら

　訳注 (1)　Ａの場合、「エイ」が文字名、"ア" が読み方にあたる。

れることを「意識」するようになる。例えば音節（buttercup という単語なら、/but/-/ur/-/kup/）という区分があり、音節はさらに音素（音節 cup の部分は /k/-/u/-/p/）に分けられる。音素は、言葉を区別するための最も小さな単位だ。例えば pit と bit は［p］と［b］というたったひとつの音素の違いで区別される（しかも p と b は両方とも「stop consonant 閉鎖子音」と言われるもので、両者の違いは子音を発生し始めるタイミングだけ、というごく小さな差なのである）。英語の書字法では、音素という単位を書記素との関係に従って組み合わせ、正しい綴りの記号にしていく。

アルファベットの原則を身につける

「音素意識（phoneme awareness）」とは、話し言葉の中の音を意識し、操る能力のことだ。これはメタ言語レベルの技術（つまり言語を意識的に制御する技術）で、単語を音節に分解したり、韻を踏む部分を（「goat」に［oat］の音が入っているというように）見つけたりできるようになったあとに発達する。音素意識が、読むことを習得するために必要なのか、読むことを習得した結果得られるのかについては、ずっと議論がなされている。読み書きのできない成人は音素意識を要する作業をやり遂げられないことから、読むことができて得られるものであると考えることもできるが、裏付けとしては充分ではない。

子どもの場合は、文字が著している音を意識する以前に文字を習得するものなのか、音素を意識することと文字の習得は別個のものなのかに議論の焦点が置かれる。正解は両者を足し合わせたあたり

ではないかと思われる。文字の知識を増やすことと音をはっきり認識することは互いに独立して発達していくこともありうるし、相互に補い合いながら発達していくことが窺われるエビデンスもある。読みを習得していく過程で、一方のスキルがもう一方のスキルの発達を促進することが垣間見られる。一般的には、（抽象的な）音素意識より、（形のある）文字のほうが習得はたやすい。

　子どもが読みを習得する際に何が障壁になるかを明らかにするため、ブライアン・バーン（Brian Byrne）は極めてよく考え抜かれた一連の実験を行った。まだ読み方を身につけていない就学前の子どもたちが、hat と hats、book と books のような単語の組み合わせを教えられる。いったん覚えると、子どもたちは新たに身につけた知識を使い、dog を見て dogs を読むことができる。ところが、bug を見せられて bus と読めるのは、s という文字の音を知っている子どもだけだった。同様に、small のような形容詞に比較級の er をつけて smaller を作ることを教えると、文字と音の関係を習得していない子どもは、mean から meaner を読むことはできても、corn から corner を読むことはできなかった。この簡潔な例証によって浮き彫りにされるのは、音による単語の組み立て、すなわち音韻符号化が極めて抽象的であることだ。子どもたちは単語を学ぶ際にごく自然に意味に偏ってみていて、音によって解読するためにはこの傾向を乗り越えなければならないのだ。

　「音素」を「意識」することは、単語の解読技術を高めるために必要不可欠なステップだ。文字の知識と音素意識の両方を併せ持つ読み手は、文字をやすやすと「音化」することができ、音をつなぎ合わせて単語を読むばかりか、発音可能だが意味のない文字の連な

り（非語）も読むことができる。逆に、単語を綴るため、語を音に分解することもできる。基本となるこのような材料が整うと、子どもに「アルファベット操作能力 alphabetic competence」が備わり、読み手になるための作業が順当に始められることになる。アルファベットを操作する能力が読むための第一歩に及ぼしている影響を見るのにちょうどいいデータがある。4歳から5歳の子どもが文字を教わり、音素意識の訓練を受けたことで、単語の解読がどの程度向上したかを探る介入研究（Nuffield Language for Reading Project）だ。この研究では、文字の知識と音素意識の両方を訓練された子どもは単語の解読が向上しており、これらが読むための基本材料になっていることが窺われる。

　事例のボビーの場合は、この最初の段階で躓いていた。ボビーは文字や単語をいくらか知ってはいたけれども、音素意識がうまく発達せず（おそらく幼年期の言葉の問題がかかわっている）、アルファベットの原則を把握するのに苦しみ、書かれている単語を解読する基礎、いわゆる綴りと発音の関係性「フォニックス（phonics）」を身につけることができなかった。年少の頃から読むことを避けようとしはじめ、なんとか息子の力を伸ばしてやりたいと考えた両親でも、読みの練習をさせるのには手を焼いた。

流暢に読めるようになる

　リネア・エーリ（Linnea Ehri）は、古典ともいえる「段階」モデルにおいて、「読める」から「流暢に読める」へ進むのは、「アルファベット」の段階から「正書法」の段階への移行であるとしてい

る。この段階にくると、子どもはもはや、単語全体を発音し意味を
とらえるために、部分に区切ってひとつひとつ読み上げる必要はな
くなり、単語を頭に思い描き、読みと綴りの記憶と瞬時に対照させ
るようになる。

　子どもが頭の中の辞書（語彙）をどのように積み上げるようにな
るかを説明するために、デイヴィッド・シェア（David Share）らは、
音韻的な解読が「読むことを習得する必須条件」なのではないかと
いう着想を提起した。この考え方によると、読みの習得は、解読さ
れた端から単語がひとつひとつ頭の中の語彙に蓄えられていく過程
でもある。やがて、音韻的な解読過程は次第に「語彙化 lexicalize」
（解読した単語が抽象化されることで綴りの知識が構築されていく）さ
れ、新規の単語の解読も手馴れてくる。さらには解読してみたもの
の、部分的にしかわからないとか確信が持てないといった場合（例
えば、island を読もうとして［iz-land］と読んでしまう）、文全体の状
況からの判断とその子どもの語彙力が働いて正しい発音にたどりつ
き、その単語は新たに習得した語彙として蓄えられる。

　自己学習仮説に刺激され、標準的な実験手法を用いた研究が盛ん
におこなわれた。基本的には、被験者である子どもたちがそれまで
に見たことのない新しい単語、例えば「yate」などを、単独で、ま
たは文章の中で見せられる。一定時間をおいて、子どもたちはダ
ミーを混ぜた語群の中から、ついさきほど学んだばかりの新しい語
を選ぶよう言われる。ダミーには、本来の対象単語（yate）と見た
目がよく似ている yafe や、音がよく似ている yait などを混ぜてお
くことで、子どもが対象単語の綴りを正確に記憶しているかどうか
調べることができる。さらに念を入れて、新しい単語を綴ってもら

う。このような手順によって、研究者たちは正確な綴りを記憶するために、文脈や目にする頻度、目にしてから実際に書くまでの時間差がどのように影響しているかを調べ、かつ、上手に読める子どもと読めない子どもの差を比較しようとした。現在では、正確な綴りは、一度でも単語を解読すれば身につく場合もあるものの、一般的には目にする頻度が高くなるほどよく身につくこと、またそれは読み手の音読スキルに左右されることがわかってきている。

　読みの流暢性を高めるのにもうひとつ重要な要素は、子どもの語彙力だ。英語では、書記素－音素対応の原則からはずれる、例えば「aunt おば」、「glove 手袋」、「broad 広い」といった、例外的な単語を覚えるのには語彙力がとりわけ重要である。ケイト・ネイション（Kate Nation）とわたしは、子どもの語彙力が、不規則単語を読む能力を左右することを初めて明らかにした。さらには、口語能力の乏しい子ども、特に単語の意味の知識が乏しいと、不規則な単語を読むことにとりわけ苦労することも判明した。この子どもたちも、規則的な単語であったり、意味のない非語などは比較的すらすらと読めるだけに、その違いは非常に際立って見えた。

　不規則単語を読む上で語彙力が果たしている役割を考えると、単語は、丸ごとひとつの意味を成すものとして、ひとつひとつ記憶に貯蔵されるように思われるかもしれない。だがこれはどうやら違うようだ。むしろ子どもたちは、未知の形を解読するために、単語の意味を利用することができるようなのだ。意味の最小単位は形態素である。形態素を組み替えることで、単語の意味や文法上の属性を変えることができる。例えば、「happiness」は形態素「happy」に接尾辞「ness」を加えることで、形容詞の「happy」を名詞に変え

ている。同じ形態素に、接頭辞の「un」を加えると、「幸福」から「不幸」へ意味を変えることができる。言語の形態的な構造を理解する、すなわち「形態素意識」を持つことは、流暢に読む力を育て、読解力を促進すると考えられている。形態論から綴りの揺れ（一例を挙げると、名詞の autumn では最後の n を発音しないが、autumnal と形容詞になると n が発音されるような関係）が導かれる英語のような言語では、形態の認識はとりわけ重要である。

役割分担

　ここで少し時間をとって、個々人の読みの違いを考えておこう。読みの「相互補完」モデルは、読みの流暢性に生じる違いを、「ボトムアップ」処理（音韻的な解読による読み）と「トップダウン」処理（文脈により予測をたてる読み）の相互関係で説明しようとしている。つまり、トップダウン処理が下位レベルの分析を促し、下位レベルの分析がトップダウンの処理を誘発することで、正確な読みが達成されるというわけだ。さらに、補完は、解析が不十分であったり未熟であったりする場合に、トップダウン処理が解読をサポートしたり、「引き上げ」たり、あるいは意味的に読みを進めようとするときに、埋めきれない「穴」をボトムアップ処理で埋めようとする形で行われる。簡単に言うと、読めない単語が出てきた時、子どもはその周辺の単語を使って読みの参考にしたり、理解しようとしたりするということだ。
　相互補完モデルのエビデンスの多くは、プライミング課題を用いた実験から得られている。プライミングというのは、その名の通り

後に続く行動のための準備をしておくことで、この場合は、「読む」が行動になる。実験では「nurse 看護師」という単語を異なるふたつの文脈で提示する。一方は意味的に中立な文脈（例えば young 若い nurse 看護師）で、もう一方は意味的につながりのある文脈だ（doctor 医師 nurse 看護師）。対象単語の nurse を読むのに要する時間を計測する。

　予測された通り、意味的に関連している doctor と並べてある nurse のほうが、関連のない young と並べてある nurse より素早く読み取られた。これは「意味による促進」ないし、「プライミング」効果と言われるものだ。促進効果は、熟練した読み手よりもディスレクシアの読み手のほうに大きく現れる。一見意外に思われるかもしれない。だが読みが不得手な人は解読がゆっくりで、その分文脈が影響する時間が長くなるからだ。ただし、これは読み手の語彙力がどのくらいであるかにかかっている。文脈が効果的に働くのは、語彙力が充分ある場合だけだ。つまるところ、doctor から nurse を連想するには、両方の単語の意味を知っている必要があるからだ。

　ミーシャの場合は、流暢に読めるようになるのが難しかった。ただ彼女は、ゆっくりではあるけれども正確に読むことはできる。語彙力は充分にあり、言葉もよく理解している。決めつけるのは危険だが、有効ではない解読を補うために、ミーシャは語彙力に依存するトップダウン処理を多用しているのではと仮定したくなる。また、ミーシャが綴りを苦手としているのも、おそらくそのためなのだろう。上位の言語処理に頼りすぎると、正確に綴るために必要とされる細かな記憶がおろそかになりがちだ。とはいえ、トップダウン処

理も単語レベルの読みに影響していると考えておくことは重要だ。この処理は、ごく初歩的な読みの発達と語彙の獲得の基盤となる音韻的な（発話に基づく）処理を越えた、多様な言語や概念の処理に依拠している。一般には読解に必要だとされており、これまであまり、単語レベルの読みの発達と関連付けて検討されてこなかった。

　ここまで見てきたように、相互補完の枠組みでは、単語を音から解読するアプローチと、単語の意味的な属性から解読するアプローチが相互に作用しあって単語の読みにつながると考えられる。この延長で、マーク・ザイデンバーグ（Mark Seidenberg）らは、読みを身につけるうえで音韻と意味のふたつの道筋が役割分担していると説いた（図3参照）。

　本質的に、読むことは「ビッグ・データ」に通じる問題を孕む。

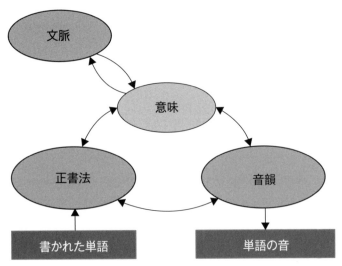

図3　ザイデンバーグとマクルランドによる読みの「トライアングル」モデル（1989年）

読みを身につけるには、綴り（正書法）と音（音韻）との関係を統計的に抽出し、それを駆使して読むための計算式を発展させていくわけだが、計算式自体、出会う単語が増えればそのたびに改変され、更新されていく。ザイデンバーグらはこの「トライアングル」モデルをコンピュータにかけて、読みの発達のプロセスをシミュレートした。これが「トライアングル」モデルと名付けられたのは、音韻と綴りの関係だけでなく、意味の道筋を通って言葉の意味（形態素）ともつながるからだ（ただしこの経路は、まだ充分に解明されたとは言えない）。

　読みの最初の段階では、音韻と綴りを対応させることに焦点があてられる（子どもが音韻的に解読するように）が、後になるほど、綴りと意味を直接対応させるようになっていく。二重経路モデルでは、書記素を音素に変換する音韻経路と、単語レベルの意味を発音に直結させる語彙経路の、ふたつの経路を想定する。最近の研究ではこのふたつの経路には相互作用があるとされるが、それが読みの発達にどのような意味を持つのかは、いまだ深く探求されているとは言えない。

綴りを身につける

　綴りは、読み研究の「シンデレラ（埋もれた宝）」だった。一般に綴りは、読みの単純な裏返しと捉えられていることが多いが、そうではない。読みを身につけていけば単純に綴りにも習熟していくということはないのだ。理由のひとつは、読む際に用いられる文字と音との対応（書記素‐音素対応）は、書く際に用いられる音から文

字への約束事（音素-書記素対応）とぴったり一致はしないことだ。実際、英語では、読む際の対応のほうが、書く際の対応よりも一貫性がある。例えば「k」という文字で考えてみると、読むときには、「know」の語頭のように無声化する例外を除いては、ほとんどいつも /k/ と発音されるが、[k] の音を書こうとすると、「k」も「c」もあるし、語末では「ck」になることもある。綴りは綴りとして独自に考える必要があり、定型発達の場合はもとより、ディスレクシアの場合も、どのように綴りを体得していくのか、個別に考察することが肝要だ。

　綴りに関する研究の第一人者と言えばレベッカ・トレイマン（Rebecca Treiman）だ。トレイマンは、未就学児、子ども、成人の綴りを調査してきた。綴りの基礎についてトレイマンが示してきた見解のうちでも特に重要なのが、文字の知識は行き当たりばったりに積み重ねられるわけではない（例えば子どもは、自分の名前に含まれる文字をまず覚える傾向にある）こと、子どもは、文字の音を習得するために文字の名前を援用する（例えば、子どもは /h/ の音に比べると /b/ の音のほうをたやすく習得する。それは、/b/ が文字 [B] の最初の音素であるのに対し、文字 [H] /aitch/ の名前に /h/ 音は出てこないからだ）こと、そして、子どもたちは読み方を正式に習い始める前から、さまざまな形で文字と接することで、正しい綴りやその規則（「mm」と綴り始める単語はないなど）を知らず知らず身につけているということだ。ここから読み取れるのは、綴りの法則が成長の早い段階から芽生えはじめていて、それが書く人になるための入り口になっていることだ。

　読みの場合と同様に、綴りを身につけるにも、話し言葉の音の組

み立てがわかっている必要がある。幼い子が綴ろうとする単語を見ると、子どもたちは単語の視覚的な構造よりも、音の成り立ちに着目している（単語がどのように発音されているか）ことがわかる。「train」を「CHAN」、「dragon」を「JAGN」と綴るのは、就学前の子どもに昔からよく見られる間違いだ。もちろん正しい綴りではないのだが、目当てとする単語の音を何となくとらえてはいる。さらに言えば、習う前や習い始めた頃によくある綴り間違いは、おしゃべりを始めた幼児に見られる言い間違いとよく似ている。語頭や語尾で連続する子音は省略されることが多く（「clap」が「CAP」に、「step」が「TEP」になる、「lamp」が「LAP」に、「tent」が「TET」になるなど）、強勢のない音節がなくなる（「baloon」が「BLOON」に、「caterpillar」が「CATPILLA」に、「elephant」が「LFANT」になるなど）ほか、書くときにいくつかの単語を一続きにしてしまうなどだ。単語の特徴的な音が保持されるのもよく起こる（「back」がBKになるなど）。

　子どもの綴り間違いの傾向を丹念に分析すると、子どもの音韻的（音声）スキルの発達の様子が見えてくる。ディスレクシアのある子どもは、往々にして単語を音韻的に正しく綴るのに苦労する。その例として、9歳と14歳のディスレクシアのある子どもたちの書いたものを見てみよう（図4参照）。TBという子の書いたものは自由作文、BBのほうは、「建築家に宛てて、自分の理想の家について手紙を書いてみよう」というテーマで、5分間で書かれたものだ。まず、ふたりの子どもの音韻能力の習熟度の違いが判る。TBの作文は音韻的に不正確で、そのため読み取るのがとても難しい。一方BBは音韻意識がTBより高く、綴りの間違いは音的にはおおむね

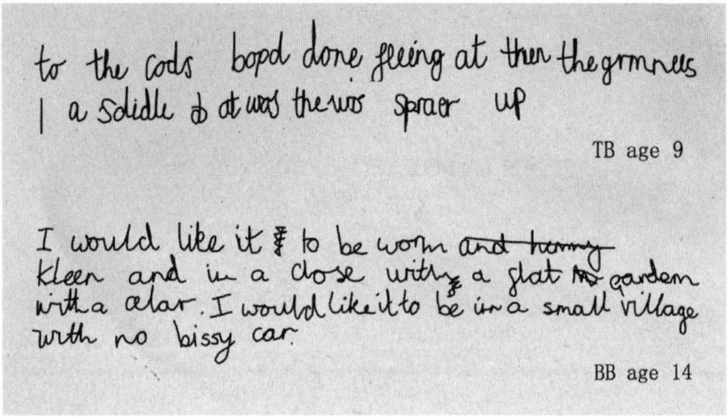

to the cods bopd done fleeing at then the grmnees
| a solidle d at was the wo spraor up

TB age 9

I would like it ⚑ to be worn and ~~hammy~~
kleen and in a close with a glat ~~no~~ garden
with a alar. I would like it to be in a small village
with no bissy car

BB age 14

図4 9歳と14歳のディスレクシアのある子どもが書いた文章。BBの綴りは音韻的に判読可能だがTBのものはそうではない。

〔BBの手紙：(理想の家)は暖かくて清潔で、○○の庭が近くにある。小さな村で、車があまり通らないところにあるといい。〕

正しい（ので、なんとなく読み解くことができる）。

　綴りの習熟の個人差を解明することを狙って、4歳時に音素意識と文字の知識を有していることが5歳時に音韻的に正確に綴ることにつながるかどうか、縦断的に調査する試みがなされた。予測された通り、音素意識と文字知識というアルファベット知識の二要素があるかないかを見れば、単語を書き記すことを覚えたばかりの年代の子どもたちが、音韻的に正しく単語を綴れるかどうかを、おおむね推定することができた。さらに、この年代の音韻的に正しく単語を綴る力と読む力で、入学後3年経った時点の綴りの習熟度が予測されることもわかった。ここからうかがえるのは、音韻的に変換する力が綴りのための正書法に基づく表現が発達する基礎になるということだが、実のところそれだけでは充分ではない。綴りが（音だ

けでなく）正書規則としても正しいかどうかを確かめるには、読む経験から得られる情報が必要なのだ。ミーシャはこの情報を活用することができず、小学校の間、綴りに苦労した。

　綴りの基礎ができると、子どもたちはその言語の書記体系に特有の音から文字への置き換えについて、詳細な情報を積み上げていかなければならない。英語では、文字列と発語された時に韻を踏む部分との関係は比較的一定（/oat/ → -OAT や /eat/ → EAT など）だが、音素と書記素の関係は複数の対応（例えば音 /E/ の綴りは、EE でも EA でも EI でも IE でも EY でも Y でも）がありうる。大人に劣らず子どもたちも綴りと音の関係の一貫性には敏感だ。ある程度はいつの間にか置き換えできるようになっているものの、正式な指導が重要なのはあきらかで、とりわけ、/E/、/I/ といった母音の綴りを身につけるのは、きちんと教わらなければ難しい。

　子どもたちが正しい綴りを身につけるには、音声以外の言語領域の情報を駆使しなければならないが、特に大事なのが文法と形態論だ。形態論とは、単語の成り立ちや意味との関係を論じるものだ。形態素は文法的な関係を示す場合——例えば -ed で過去形であることを示したり、-ing で現在進行形であることを示したり——もあれば、意味的な関係を示す——*sign*ature の *sign* が、「署名」の意味を示しているなど——場合もある。トレイマンらは巧みな実験設定により、子どもの形態素の知識が、時に音声の知識を凌駕することを示した。実験では、アメリカ人の子どもたちに「たたき音 tap」を含む単語を書いてもらう。たたき音は、上の歯のすぐ後ろですばやく舌をはじいて出す音で、「city」や「eater」といった単語では、英国では無声の /t/ が一般的だが、アメリカ英語では有声音の

/d/ に近くなる。アメリカの子どもたちは、たたき音を「t」ではなく「d」で綴りがちだ。ところが、たたき音が形態上の区切りのところに来る「eater」のような単語——語幹が eat で、-er は接尾辞——では、多くの子が「d」でなく「t」と書く。一方、形態素をひとつしかもたない「city」の場合は、相変わらず「d」で書いてしまう子どもが少なくなかった。

　幼い子どもたちは、文法によって綴りが左右されることを素早く理解する。過去形は、「t」のように発音されることが多い（「slipped」など）けれども「-ed」と綴ることも難なく身につけていく。その後は、形態素から考えて未知の単語を正しく綴ることもできるようになる（「magic」を使って「magician」を綴るなど）。さらには、教わらなければわからない言語学的規則に依拠した正書法もある（アポストロフィー「'」を使うのはどういう場合か、など）。綴りの習熟に関する豊富なデータは「多様なパターンの統合フレームワーク（Integration of Multiple Patterns Framework）」にまとめられた。このIMP フレームワークによると、子どもたちはさまざまな角度から見て、ある綴りが正しいらしいと判断されるほど、その綴りを使う傾向がある。一方対立する情報があると正しい綴りを見つけるのが難しくなる。読みのトライアングルモデルと同じで、このフレームワーク理論の根底にあるのは、文字と音と意味との間にある規則性を、統計的に身につけるのが肝要であるということだ。

　最後に、読むことと同様、綴りに練習は不可欠である。書くという動作の運動感覚（書くときに感じられる動き）のフィードバックが、綴りの習熟に重要な役割を担っているかもしれないことを示唆するデータもあるくらいだ。運動感覚が、ある文字や単語を綴る時の動

きのパターンを強化することで学習を助けていると考えられる。書くというのはつまるところ動作であり、綴るだけでなく文を組み立てることでもある。書く力がどのようにして習熟していくのか、綴りを学ぶうえでどのような役割を果たしているのか、綴りが苦手な者が文字を書くという行為とどう折り合いをつけているのか、ほとんど明らかになっていない。今後の研究が待たれる分野である。

意味を読み取る

　ここまでのところは、単語レベルの習得に焦点を当ててきた。読むことを解読の、綴ることを符号化のプロセスとして考察してきた。だが最終的な目標は識字能力の解明であり、読み書きができるというのは、単に個別の単語を読んだり書いたりできるだけのことではない。ここで少し寄り道をして、「読みの単純な見方（Simple View of Reading）」という定説を引いて、読んで理解するとはどういうことかを考えてみたい。

　「読みの単純な見方」の考え方によると、読解（R-eading）とは、解読（D-ecoding）と言語理解（L-anguage comprehension）の産物、つまり R=D×L である。二つの要素の産物なのだから、このふたつに習熟していなければ読んで理解することはできない。そのため、子どもが解読を習っている途上にいるとしたら、言語能力の度合いに関わらず、文章読解は解読力の程度によって制限されることになる。同様に、もし解読力に優れているとしても、言語理解に難があれば読解は制限される。

　この考え方の枠にはまる調査結果も多く、読みを学び始める時期

の読解力は単語の解読力に負うところが大きいとされる。解読でき
ない単語は理解できないのだ。だが、解読力が向上し、それにつれ
て読解力も向上してくると、今度は言語理解に頼る部分が大きくな
る。成人では読んで理解することと聴いて理解することとは実質的
に区別できない（0.9 の相関がある）。紙幅も限られているし、ディ
スレクシアは基本的に単語認知の問題なので、文章を問題なく理解
するのに要する能力についてここでこれ以上論じることはできな
い。関心のある方は、読みの習得と学びのために読むことについて
の知見が総合的にまとめられている「「読みの戦争」を終わらせる
——初心者から熟練者へ（*Ending the Reading Wars: From Novice to
Expert*）」を参照されるといい。

　語彙の質仮説（The Lexical Quality Hypothesis）は、これとは少
し違った視点から、上手な読み手が読んで意味をくみ取るというプ
ロセスで、単語の属性のそれぞれがどんな風に働いているのかを考
えさせてくれる。この仮説の核心は「語彙効率（lexical efficiency）」、
すなわち、綴りと意味、そして発音という尺度から明確に限定され
る表象を持つことで、その単語を素早く同定できるという能力に着
目したことだ。この仮説において、優れた読み手の語彙録（レキシ
コン）は、読みを苦手とする人の語彙録よりも、量が豊富で質の高
い表象からなる。質が劣る原因はさまざまで、音韻や正しい綴り、
意味の捉えなどの知識ないし能力の問題からくる。

　ともあれ、語彙の質が低いと、単語を読むのに時間がかかり、間
違えやすくなり、そのために、文章理解という大事な作業に費やせ
る時間と認知的資源が少なくなる。質が低く、乏しい表象しか持ち
合わせていない読み手が読むことで得られる理解は（何らかの補完

機構が働いたとしても）、必然的に乏しいものにならざるを得ない。

　「語彙の質仮説」が明らかにしたのは、読解には単語解読と言語理解が必要なのだが、このふたつの能力が発達した結果、単語の表象の質が高まり、今度はそれが読みの流暢さと読解を促進するということだ。長い目で見ると、あいまいな語彙表象しか持たない読み手は読むことをあまり楽しめず、そのため、読もうとする意欲がそがれる。その結果、文字に触れる機会が減り、さらに識字能力が乏しくなる。結局のところそれで語彙を増やせなくなり、それにともなって識字能力の向上も止まって、持てる者はいよいよ持ち、持たざる者はさらに奪われるという、いわゆる「マタイ効果」が起こっているわけだ。

英語以外の読みの習得

　ここまでは「英語至上主義」で読みの習得を見てきた。英語以外の言語では、どのようにして読む力を身につけていくのだろうか。習得の過程で、同じところ、違うところはどこなのか。どんな言語であれ、読むという行為が単語の視覚的な記号と音韻的な形態とを対応させる点では同じだ。違うのは、文字の性質と音韻的な単位である。文字と音との対応も、言語による「粒の大きさ（grain size）」によって異なってくる（アルファベットは粒が細かく、ドイツ語やイタリア語では文字（letter）と音とが結びつくが、中国語のような表語文字は粒が粗く、文字（character）は音節と結びつく）。形態素の複雑さや、形態素と綴りとの対応も言語によって異なってくる。

　アルファベット言語のうちでも、英語は最も不規則で、特に綴り

が規則性に乏しい。一番規則的なのがフィンランド語で、文字と音素が原則一対一のわかりやすいシステムだ（が、単語は往々にして長く、複数の形態素を含む）。「正書法の深さ（orthographic depth）」とは規則性の度合いを表す用語で、英語は不透明（深い）、これについでやや深いのがやはり不規則な綴りの多いデンマーク語やフランス語であり、一方スペイン語やイタリア語は規則性が高く、透明（浅い）に位置付けられる。

　何年も前から、英語圏の子どもたちは読みを身につけるのにひときわ苦労を強いられているのではないか、ディスレクシアは特に英語圏に多い現象なのではないかと議論されてきた。それを裏付ける論証はない。ただ、透明性の高い言語よりも、英語の方が流暢に読めるようになるのに時間を要することは明らかになっている。1990年代、フィリップ・シーモア（Philip Seymour）らが大々的に行った多言語間の比較調査によれば、初等学校の1年時でも、透明度の高い言語の子どもは単語の解読の正解率が90％だったのに対し、英語圏の子どもは40％だった。

　さらに近年、ELDEL（Enhancing Literacy Development in European Languages ヨーロッパ諸言語における識字力向上）プロジェクトが、英語、フランス語、スペイン語、チェコ語、スロヴァキア語の5言語を学ぶ子どもの読みの習熟を調査した。図5は、初等教育開始からの英語圏の子どもと、チェコ語圏、スペイン語圏の子どもの読みの習熟度を示している。

　イングランドの子どもはスペインやチェコの子どもより一年早く公教育を受け始めるということを差し引いても、この差には驚かされる。

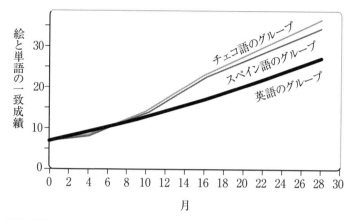

図 5　英語、スペイン語、チェコ語を学ぶ児童の読みの習熟度。（注：イングランドと
ウェールズでは、他地域よりも一年早く公教育が始まる）

　グラフは時間内に絵と単語を一致させる問題の正答率を示してい
て、英語圏の子どもは教育を受け始める 4 歳時（0 月）から 6 歳半
（30 月）まで一貫してゆるやかな上昇を見せている。一方スペイン
語とチェコ語の子どものグラフは異なる。最初の一年は英語圏の子
どもと同じような上昇だが、読みの学習が始まる 8 月前後で「成長
の急増」が見られるのだ。その後上昇はやや落ち着いて読みの習熟
が順調に続いていく。また、16 月ごろからあとは、習熟の向上は 3
言語で同じ傾きになっているものの、英語圏の子どもが一貫して最
も低い位置にあることは変わらない。

　正書法の規則性以外にも、言語学習のむずかしさを左右する要因
はある。その一つが文字（symbol）の数だ。ヨーロッパ諸言語の文
字は多くても 35 だが、2500 もの文字を持つ言語もある。中国語の
ように 2000 以上という膨大な数の文字（character）がある言語では、

新しい読みの学習は中等教育以降も続くものと考えられる。文字記号の、視空間的な複雑さが学習の難しさを増しているのは、南インドの諸言語から見受けられる。その上、文中に発音区分符号が入ってくる書き方の言語まである。この符合によって発音や同音語を見分けるのである。

　日本語のひらがなに代表される音節文字の場合は、文字と音節を対応させれば良いのだが、日本語学習の初心者にとってハードルが一段も二段も高くなるのは、この言語にもうひとつ、もっと難解な書字法があるからだ。漢字は中国の文字を基にしており、そっくりそのまま覚えなければならないし、さらにややこしいことにはそれぞれの漢字に中国系の音読みと和訓とがあって、文脈によって読み分けなければならない。図6は、世界の諸言語の一部を、文字の数（正書法の幅広さ）と見た目の複雑さによって分類してみたものだ。多くの文字を用いる書記法では、学習課題が増大する。無理のないことだが、文字の数が多い（幅広い正書法をもつ）言語体系では、読みが不得手な人は視覚的な綴りの処理困難を感じていることが報告されている。

　言語は、音や意味の表し方もそれぞれ大きく異なる。中国語は形態素言語と呼ばれることがあって、おそらくは英語の対極にある。中国の文字は多くの場合、意味を持つ単位（形態素）でありながら、同時に抽象的な概念を表現する。中国語には、発音のヒントとなる部首もある（が、アルファベット言語や音節言語ほどには体系的でない）。したがって、中国語を身につけるのに要する技量と英語習得に要する技量が違っているのはむしろ当然だ。

　最も顕著な違いは、音と意味を表す構造を学ばなければならない

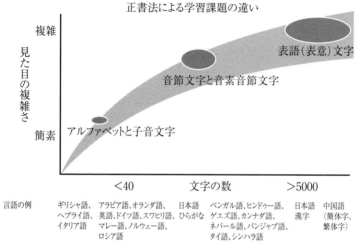

正書法による学習課題の違い

図6　図6は世界の文字体系のふたつの次元を示している。文字の数（正書法の幅広さ）と、文字の見た目の複雑さである。

ことだ。中国語を読めるようになるためには、音節の高低（声調）に対する音韻意識が求められる。さらに、語の形態論的な構造（文字が、意味的情報を含んだ部分から成り立っていること）への気付きも必要となる。これは英語にはほとんど見られない特徴だ。

覚えなければいけないことが違っても、必要なことは同じ

　言語や文字体系によって多くの差異があるものの、同一の言語において、ひとりひとりの読みがどう習熟していくかを測るための指標は驚くほど共通している。ELDELの調査では、アルファベット言語の子どもたちの読みの習熟に、三つの要素が重要であることが

わかった。文字の知識、音韻意識、そしてラピッドネーミング（呼称速度　RAN、無作為な順序で並べられた色やものなどの名称をできるだけ素早くこたえるテスト）である。

　この三つの能力は、中国語の読みにも、インドのカンナダ語のような音素音節文字言語を読むにも、必要とされることがわかってきている。ただしその他の要素も重要で、中国語では、音に関しては単に音素だけでなく、もっと幅広い音的要素（いわゆる「声調」）を意識しなければならないし、文字の知識にもまして、まとまりとしての漢字を認識することが必要となる。カンナダ語では、音素だけでなく音節の意識が重要であり、同様に書字法の基本であるアクシャラの知識も重要である。興味深いことに、ラピッドネーミングはすべての言語に共通して、読みの発達の違いを判別する指標となり、なぜそうであるかについて多くの仮説が立てられている。最も確実と思われるのが、ラピッドネーミングは視覚記号と音のラベリングとの対応を即座に取り出す能力を測るので、読みに非常に近い動作であるからというものだ。

　まとめると、文字の知識、音韻意識、ラピッドネーミングの「三つの基盤」は、言語に共通する読みの発達の基礎である。とはいえ、ひとつひとつの言語に特有の要素もある。中国語では文字の形態素の構造への意識が不可欠である。さらに、中国語やカンナダ語のように視覚的に複雑な文字体系では、英語などの場合よりも、視覚記憶と視空間能力が、読みを身につける場合にはるかに重要な要素になっている。加えて、英語圏においては音素意識が読みの発達を促すと同時に、読みが上達すると音素意識も高まったように、複雑な文字体系の言語では、読みが上達するにつれて視空間認識も高まる

という相互補完的な関係性があるらしいことを裏付ける調査結果が
続々と現れている。

書き言葉の困難としてのディスレクシア

　学習過程にある子どもたちの、読みや綴りの習熟度はそれぞれだ
が、全員に標準的な指導を行ったとすると、ディスレクシアのある
子どもは往々にして、最もゆっくりと習得していく。当初から明ら
かなのは、ディスレクシアがあると文字（の名前も音も）を習得する
のがまず難しいことだ。アルファベット言語では、文字の知識は必
須要素であり、正しい綴りを身につけていく道へと導くものだ。つ
まりディスレクシアゆえに文字の知識の乏しい子どもは、そもそも
読み書くことに不利があることになる。加えて、ディスレクシアの
ある子どもが早い時期から言語の音韻的側面、特に音韻意識を習得
することに問題を抱えていることが多くの調査で裏付けられている。
　ボビーはこのケース（おそらくはハリーも。ハリーは成人だが音韻
意識テストの点が低く、発話には時折発音間違いが混じる）である。そ
の結果デコーディング（解読）に重大な誤りが起こる。実際、デ
コーディングの不備はディスレクシアの証明と言ってもいいくらい
で、その表れとして起こるのが、非単語を読めないことだ。支援が
ないとデコーディングの困難は解消されないまま続き、多くの人が
読みそのものを避けるようになる。一部の幸運な人たちは、ある程
度使える分量のサイトワード（見ただけで瞬間的にわかる単語）の語
彙を蓄えられる。実際、ディスレクシアのある人は、ある程度単語
を読む力が向上していても、「新しい」単語や見慣れない単語にな

るとつまずくことが実によくある。これを「音韻性ディスレクシア」と呼ぶこともある。

　だが音韻の方面から読みに困難を生じるのは、すべてのディスレクシアで見られる状態ではない。ミーシャがいい例だが、ほかの要素でうまく補えていると、非単語を読むのは「例外的な」不規則単語を読むほどに不得意ではない。そうしたタイプの人は、leek と leak といった同音語に出くわすと混乱しがちだ。というのも、彼らは音韻的な符号化に極度に依存していて、質の高い正書法表象を参照することができないからである。

　このようなタイプの人たちを「表層性ディスレクシア（脳損傷に起因するディスレクシアの文献から借用した用語）」と呼ぶことがある。音韻性ディスレクシアのある子どもたちよりは音韻意識に優れているものの、同音語の弁別などに困難を生じることがあり、流暢に読めるようになる段階のどこかでつまずくおそれがある。そこから連鎖反応的に、読解力の習熟に障碍が起こる可能性がある。

　ディスレクシアのある子どもにとって、綴りは大きな難関だ。音韻意識と解読がうまくいかない以上、やむを得ないことのように思えるかもしれない。ディスレクシアのある幼い子どもの作文は、ディスレクシアのない子どもの作文のような発音通りの綴り方にはならない。ほとんどが解読不能で、おかしな文章になる。深刻な場合には、adventure を AVENTER と綴るなど、綴りの音韻的つながりを表現できない状態がずっと続くことになる。

　深刻なディスレクシアの子どもの、音韻上の問題がなかなか克服されない様子を見てみよう。この子どもは8歳時から継続して観察されている。図7の作文からは、12歳時、16歳時でも、音を文字

に表すこと、さらに正しい形で綴ることに依然として困難を抱えて
いる様子がうかがえる。JM ほど深刻ではないものの、ディスレク

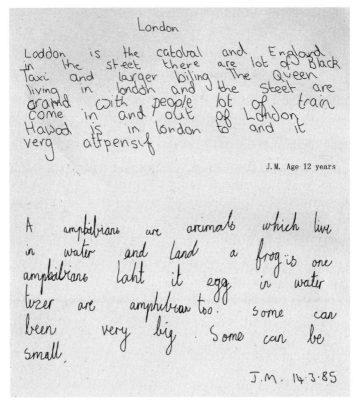

図7　JM の 12 歳時と 16 歳時の作文には、London を Loddon と綴るなど音と無関
係な誤りが多くみられる。

〔上の作文は「ロンドンは英国の首都で、街には黒いタクシーがたくさん走っている。建物は
大きく、女王が住んでいる。街路は人々に溢れ、多くの列車が出たり入ったりしている。（最
後の二行は読解不能）」〕。下の作文は〔「両生類は水中と陸上に棲む生き物です。カエルは両
生類で、水中に産卵します。トカゲも両生類で、大きいトカゲも小さいトカゲもいます」（大要）〕

シアのある多くの人が学習途上でも綴りにつまずいていることがわかっている。また、思春期に綴りを苦手としていることと、中年期の綴りの得手不得手にはかなり高い相関がある。それが結果として書くことの発達に影響を与えてはいるが、その仕組みについてはまだ正確にはわかっていない。

　ディスレクシアがある大人で、読むことが好きな人はめったにいない。だからといって、ディスレクシアが読解力の問題と直結するわけではない。単語の解読がうまくいかなければ読んで理解する障壁になることはもちろんだが、ディスレクシアのある子ども、大人の多くが必要に迫られれば文章を読み、充分に理解することができる。ただ読むには標準以上に多くの時間を要するし、書く方に関しては、避けられるものなら避けようとしがちだ。

第3章　ディスレクシアの認知的要因

　流暢に読むことのできない人がなぜいるのかを考察し始める前に、特異的学習障害であるディスレクシアを引き起こしている要因を説明するにも、さまざまな「レベル」があることを押さえておくことが重要だ。

　第一に、生得的要因である生物学的な原因と、発達段階（胎児期を含む）に生じた何らかの環境要因とは区別されなければならない。この違いは必ずしもすっぱりと明確ではないのだが――遺伝子は環境に応じてふるまうし、環境の影響が遺伝子の発現に作用すること（エピジェネティクスまたは後成学と呼ばれる）もありうる――、それでも区別して考えることが有効だ。第二に、ディスレクシアを特徴づけている「読む（ことの困難)」は行動であり、この行動は各種の認知能力に依拠している。

　ディスレクシアの分野で特に重要な課題は、認知上の、あるいは「近因」が何かを理解することだ。さらにいうならば、認知レベルでディスレクシアを説明するための理論は、ディスレクシアの影響を緩和するための支援の設計を、理論的に支える道具となりうる。最終的には包括的な原因解明によって、ボビーやミーシャ、ハリーのような方たちの生物学的な要因が脳の発達にどのように作用し、それが、読むことを学ぶ能力の根底にある認知の機能にどのように影響したのかを理解できるようになるだろう。

　だが理論的な裏付けを探すことは一筋縄ではいかない。原因は相

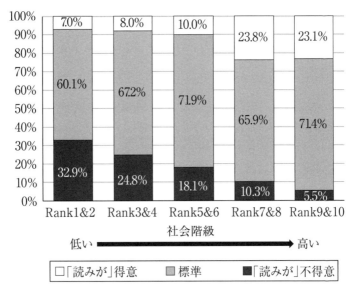

図8　子どもの（家庭の）社会階級と読みの能力の関係

関と同じではない。相関とは、ふたつの事象などの関連のことで、原因を理解するための第一歩だ。

　原因はさまざまなレベルに関与し、結果に遠い（遠因）こともあれば近い（近因）こともある。ひとつ例を挙げると、子どもの社会階級と読みの能力には無視できない相関がある。図8は、*York Assessment of Reading for Comprehension* の標準化にあたって、英国の高校生から得られた672のサンプルで作成した表である。社会階層の低い生徒集団ほど、読みの優れた生徒は少なく、得意でない生徒が多くなっている。だがこの相関から、因果関係を裏付けることはできるだろうか。

　グラフから、最も低い社会階層に属する生徒のうち、32.9%は読むのに困難があるものの、7%は優れている。同様に、高い社会階層に属する生徒でも、5.5%は読みが不得意だ。となれば、社会階層は読みの発達を妨げる原因ではありえない。そこには多くの介在変数があるのだ。社会的不利には複数のマイナス要因がつきもので、それが教育機会に影響を与えている。

　例えば、いい学校がない地域に暮らしていること、居住環境の劣悪さからくる健康問題、学校を休みがちであることなど。世代から世代へ引き継がれてしまう不利も影響する。親が高等教育を受けられなかったなど。遺伝的要因もあるかもしれない。それが親世代の教育や就労を制限したかもしれないし、子世代の学習能力に直接的な影響を及ぼしたかもしれない。そうした要因が積み重なることで教育成果に影響を与えたであろうことはうかがえるが、このデータだけからでは、それらが直接の原因として読みの習熟に関わっているかどうかは不明確だ。

　本章の目的は、ディスレクシアに直結する認知要因を見定めることだ。原因は時間軸に対し未来方向に働く。したがって、読みの問題が起こる以前に存在している要因を探すことが肝要だ。裏付けとなるデータは縦断研究から得られるのが理想ではあるが、これから見ていくように、縦断研究の成果はそれほど都合よく手に入るものではない。

読みの習得の個人差

　ディスレクシアの要因は、定型発達の子どもの読みの習得の個人

差を調べることからヒントを得られる。ディスレクシアの読みと「標準の」読みとの間に厳格な境界があるわけではないので、広く一般の人たちの読みの違いを生じさせている要因は有力な例証になる。

　デコーディング、つまり解読に特に必須の要素についてはこれまでに見てきた通りで、音韻意識と文字の知識だ。このふたつから、英語圏の4歳から6歳の子どもがどの程度迅速に、正確に読むことを身につけられるかを推し量ることができる。

　単語の読みは話し言葉の短期記憶やラピッドネーミングといった、その他の音韻関連技能とも関連している。ラピッドネーミングは、よく知っている色やもの、数字などの名前を素早く呼称する課題だ。特にノルウェーの子どもを対象にした3年間の縦断研究では、記号のラピッドネーミング（RAN）によって、習い始めの時期以降についても、読みの流暢性の伸びを予測できることが示された。

　ディスレクシアについてわかっていることは、一般的な読みの習熟の文脈でとらえても整合性がある。ディスレクシアのある子どもは、文字を覚えるのと音韻意識の獲得に時間がかかることを見てきた。その結果、単語のデコーディングがうまくいかない。RANでも高い得点を得ることはできず、それによって読めたとしても速度が抑え込まれている。デコーディングがうまくいかず、関連して読みの精度が低いと、読解への障害となる。だが語彙が豊富で言語理解に優れていると、ディスレクシアがあってもそちらの技能を利用することで、デコーディングの不十分さを補えることがある。ミーシャはどうやらそのような操作を行っているらしく、書かれた文字を解読しようとするとき、文脈を見て、かなり質の高い推測力を駆

使し、デコーディングの助けとしている——というのは第 2 章で見た通りだ。このような操作を「ブートストラッピング（自助）」という。

就学前から、読みの習熟度を推し量ることはできるか

　学齢期の読みの習熟要因の研究のおかげで、わたしたちはディスレクシアのリスク要因の理解に大きく踏み込むことができたが、肝心な問題が残っている。発達のもっと早い段階、読み書きの指導が始まるずっと前に、ディスレクシアの素因を見つけ出すことはできないものだろうか。この問題に取り組んでいる研究は、学齢期と比較するとかなり少ないものの、就学前の子どもの口頭言語能力、たとえば、語彙の量、文章中での単語の組み合わせ方、過去形など文法的要素をどの程度使えるかといったことから、音韻意識の発達をかなりはっきりと予測できることがわかってきている。これは、読み書きの発達には口頭言語が土台となるという説を補強するものでもある。

　英国で、ディスレクシアのリスクが高いとされた子どもを中心として行われた最近の縦断研究により、3 歳半時の言語能力で 5 歳半時の読みの正確さを推し量れることがわかった。さらに、それが 4 歳半時の音韻意識と文字の知識を通じて、デコーディング、単語の解読の発達に影響していることを、図 9 で示している。この研究では、3 歳半時の言語能力から 4 歳半時の RAN の成績を予測することができたが、その 1 年後、5 歳半時の読みへの影響は見られなかった。英語圏では RAN の影響は、初期の学習段階を終えて、流暢さを測れるようになるまでは表に出てこない。この研究から得られたもうひ

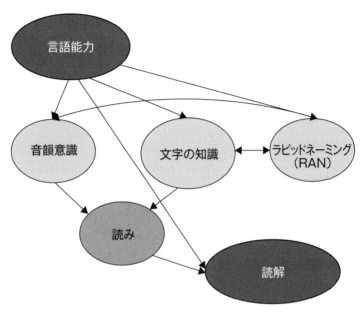

図9 発達の関係性モデル。話し言葉が読む力の基礎になっていて、音韻意識と文字を音化する能力を通して必然的に読解力の発達を促していくことを示している。

とつ重要な知見は、初期の言語能力が5年ほど後の8〜9歳時の読解力を予見していることだ。話し言葉の技量が、読み書きの発達に極めて強力かつ長い間影響を及ぼしていることを知らしめてくれた。

口語障害仮説

ディスレクシアのある子どもは、(ミーシャの場合のように)視力に問題はないのに単語の形を視覚的に覚えることができないため、当然生まれてくるのが、ディスレクシアは何らかの「視覚認知」の

障害であるという仮説だ。現に心理学者は長年、ディスレクシアの
ある子どもが読み書きをする際に、鏡文字になったり、文字列の順
序を取り違えたりする——例えば「b」を「d」と混同する、「was」
を「saw」と読んでしまう——ことに注目してきた。だがこうした
取り違えは必ずしも視覚が原因とはいえないことがわかってきた。
むしろ、ディスレクシアのある子どもは、似たような文字を取り違
えるのと同じくらい、似たような音——例えば「k」と「g」など
——も取り違える。

　そうであれば、もっと重要な意義をもってくるのがニュージャー
ジーのフランク・ヴェルティーノ（Frank Vellutino）の研究で、彼
は一連の調査により、視覚障害仮説を退ける確固たる裏付けが得ら
れたことを報告している。調査のひとつで彼は、英語かヘブライ語
のアルファベットを並べた文字列を、読みを苦手とする被験者に覚
えてもらい、その成績を、読み書きに特段苦労していない子どもた
ちの成績と比較した。英語の文字列の再生では、読みを苦手とする
グループの成績が悪かったが、ヘブライ語の文字列では、再生でき
たのは両方のグループとも同程度（実験群も対照群もヘブライ語は見
慣れていない）だった。実験から得られたデータと、その時点で入
手可能だった実証的データを統合して、ヴェルティーノは視覚障害
仮説を焼き直し、これを口語符号化の障害であると唱えた。簡単に
言うと、口語の記憶障害がディスレクシアの諸症状を説明できると
いう説だ。

　英国での実験からも似たような結論が導き出された。こちらの実
験では、ディスレクシアのある子どもたちは、抽象的な図形を並べ
たものは対照群の子どもたちと同程度に思い出すことができた（視

覚記憶は「正常」であるということだ）が、文字列を思い出すのには
ひどく苦労したのだ。興味深いことに、記憶する際に文字列を指で
なぞっていいことにすると、文字列の想起成績が格段に向上した。
一方、対照群の子どもたちにはそうした変化は見られなかった。読
むのを苦にしない子どもたちは口語記憶が安定しているため、補完
的な記号化は必要としないわけだ。

<h2 style="text-align:center">口語障害仮説に磨きをかける</h2>

　口語障害仮説は、ディスレクシア研究の転機となり、読字障害を
示す子どもの多くに話し言葉の障害を示した履歴があるという、集
団調査の結果とも共鳴するものだった。だが、ディスレクシアが口
語符号化を阻害する言語の障害によって引き起こされるというのは、
あまりにも漠然としていた。言語というのは複雑で、言語を理解し、
生成するプロセスでは多くのサブシステムが相互に影響し合ってい
る。意味のシステムは単語の意味に関与し、文法システムは単語と
単語をつなげて語句を組み立てる。音韻システムでは、音の違いが
意味の違いを作り出す（「bit かけら」と「pit 穴」は音素が一つ違うだ
けだが、まったく異なった意味になる）。語用システムは伝達に使わ
れる単語を選び出す。
　ディスレクシアのある人が、こうしたサブシステムのすべてを欠
いているわけでないことは、最初から分かっていた。ディスレク
シアのある人の多くは言葉の意味（語彙）はよく知っているし、コ
ミュニケーション能力に長けている人も少なくない。一方、音韻意
識に問題があることから、音韻体系と、それよりは軽いものの、文

法体系に難があるであろうことは推察されていた。文法上の違いは、音韻で示されることが多いからだ（例えば現在形の「love」が過去形の「loved」になるのは、音素一つの変化による）。すると、口語障害仮説は音韻障害仮説に改訂されるべきなのだろうか。

　音韻の障害がディスレクシアの原因であるという仮説は、元をただせばハスキンス研究所の研究から来ている。ハスキンス研究所のチームは、読み方を学び始めたばかりの子どもたちが発話される単語を音素に分けるのに苦労することを見て取った。そこから、ディスレクシアのある人が、程度の差こそあれ、音韻の認識にてこずるのを見て取るまでには、長くはかからなかった。特に顕著だったのが音韻記憶の障害だ。読みに苦労しない群と苦労する群とで、音韻的に似通っている文字（GPVTB など）を並べた語群と、似通っていない文字（HWTRS など）を並べた語群をどの程度記憶できるかを比較する実験が行われた。読みに苦労しない人たちは、似通っている文字列については、似通っていない文字列より少ししか記憶できなかった。これは彼らが目にした文字列を無意識のうちに音に変換するため、音が似通っている文字が並んでいると混同してしまうことの表れだった。

　一方、読みに苦労する人たちは「音韻混乱効果」の影響を受けにくい。この実験には、方法論的な観点（似通っていない文字列の記憶が、ふたつのグループで同程度ではなかった）から批判があるが、ディスレクシアの核心に光を当てたという意味で画期的だった。その後、方法を改良して行われた再現実験でも基本的に同等の結果が得られている。実際に、数字（音韻的に号化するのが最もたやすい）を短期記憶する弱さが、ディスレクシアを判断する基準のひとつになって

いる。

　1970 年代、わたしはロンドンにある聖バーソロミュー病院のディ
スレクシア・クリニックで調査を行っていた。その中で、ディスレ
クシアのある子どもたちにはふたつの問題があり、それはハスキン
ス研究所の報告とも合致しているようだということに気づかされた。
問題のひとつは「ワードアタック（word attack）」[1] 能力で、これ
は単語の読みが改善されても続く。もうひとつが多音節単語の発音
だった。ウェールズのバンゴーにディスレクシア・ユニットを開
設したティム・マイルズ（Tim Miles）も同様の問題を感じていた。
そうしたことからわたしは、ディスレクシアのある人に非単語の読
みを復唱してもらい、その作業を、意味の分かっている文字列（単
語）を使って行った場合と比較検討する実験を思いついた。

　作業は単純なものだ。被験者に「tegwop」などという意味のな
い文字列を読んでもらったり、「basquetty」といった長めの非単語
を繰り返し発音してもらったりする。ディスレクシアのある子ど
もたちは、こんな一見簡単な課題でも、その子が普段本物の単語を
読んだり反復して発音したりする様子から予測されるよりも多く間
違った。注目すべきは、同じ年代と比べた時だけでなく、年少で同
程度に読むことができる層と比べても間違いが多かったことだ。こ
の実験結果から、何らかの要因で単語を音素に分ける能力が阻害さ
れていることが窺われた。これは、新しい単語を発音するための発
声プログラムを確立することと、非単語を解読するための音素―書
記素対応を確立することの両方に必要な能力だ。つまりディスレク

シアのある子どもは、単語の形が記憶にとどまっていれば意味から推察して読むことができるのだが、新しい形を前にすると太刀打ちできなくなるようだ。同様に、語彙記憶の中にある知っている単語であれば反復できるけれども、新しく覚えなければならないととてこずってしまう。この結果に対する理論的な解釈は少しずつ手が加えられ続けているけれども、音韻の問題は年代に関わらずディスレクシアの決定的な特徴になっている。

音韻障害仮説

　ここまで、ディスレクシアのある子ども（と大人）にとって困難な領域をいくつか見てきた。音韻意識、口語短期記憶、（RAN 課題で）呼称に時間がかかること、（blonterstaping のような）聞いたことのない非単語の復唱。さらにまた、言うべき単語を見つけるのに苦労したり、新しい物や記号の名前を覚えることがなかなかできなかったりもする。教育現場ではこれらのむずかしさが途方もない障壁になる。考えてもみてほしい。新しい言葉を繰り返したり、新しい名前を覚えたりするのが苦手なのに、外国語を学ぼうとするとどれほど苦労することか。あるいは、あるものや人の名前をちゃんと知っているのに、思い出せないとしたら（図 10 参照）。興味深いのは、かなり闊達に読めるようになっているディスレクシアの成人の中には、読み書き能力についてより、記憶力について辛いとこぼす人がいることだ。

　音韻障害がディスレクシアの根幹要因であることは広く信じられている。しかしながら因果関係として、どちらが原因でどちらが結

66

'One of the worst things about dyslexia is when you have something important to say but can't find the ?!.......!?'

図10 単語を見つけるむずかしさも、ディスレクシアによくみられる。

「ディスレクシアで辛いことのひとつは、何か大事なことを言わなくちゃいけないのに、その何かが出てこないことなんだ！」

果なのかを定めようとするには、音韻課題の成績が読みの能力に左右されるという問題から目を背けるわけにはいかない。この問題が

よくわかる例をふたつ挙げる。

　読みを習っている人は、発話された「pitch」には [t] の音があり、単語の「rich」にはないと考える。これなどは読みを学ぶことが音韻意識に与える影響を簡潔に示していると言えるだろう。少し異なる角度から見てみると、脳画像を使ったカストロ＝カルダス（Castro-Caldas）らの成人の識字障害の研究がある。この研究では、読み書きのできる女性たちと、その姉妹で教育機会に乏しく読み書きのできない女性たちが集められ、単語や非単語を繰り返し発音するときの、脳の活動をモニターした。読み書きのできる女性たちは、単語を復唱するときと非単語を復唱するときでは活動する脳の領域が異なっていた。一方、読み書きのできない姉妹たちは、単語の意味の処理をつかさどる場所だけが活動していた。

　ここから窺えるのは、読みを学習することで、音韻処理に関わるシステムに、脳の変化が起きる（新しい単語を見せられると、このシステムが活性化する）ということだ。そうなると、音韻処理の障害は、ディスレクシアの原因ではなく、結果であるという可能性も出てくる。ディスレクシアの危険因子が高い子どもたちの調査では、音韻障害はこの子たちが言葉の読み方を学び始める前から生じていることが示されているため、因果関係が逆転する可能性は低そうだが、議論の余地があると考えている研究者もいる。

　音韻処理障害仮説の改良案で、押さえておくといい論点の一つが、ディスレクシアにも、音韻意識に問題がある人と、ラピッドネーミングに問題がある人、その両方の「二重障害」である人がいるということだ。次に、音韻障害に先立って、感覚システムに何らかの障害があるとする仮説を見ておこう。

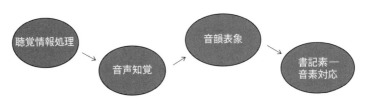

図11 聴覚情報処理が読みの習得に与える影響。「カスケード（cascade）」モデル。

ディスレクシアの聴覚および音声処理──障害の連なり

　ディスレクシアに関する理論の多くは、基礎的感覚や知覚の問題がどのように音韻処理障害に至るかを説明しようとしている。そうした中で最も有力なのが、ディスレクシアは、発語された音を知覚するのに必要な、聴覚情報の急速な時間処理に問題があることで生じるという説だ。この考え方では、聴覚情報処理から音声知覚に至る流れの障害が音韻表象の発達を阻害していることで音韻障害も、そこから来る書記素と音素の対応の困難も説明できるとされる。（図11参照）

　この「カスケード（連続する小さな滝）」モデルをテストする研究は数多く行われてきている。その多くが「急速聴覚処理（rapid auditory processing：RAP）」テストを用いているが、縦断研究はほとんどない。RAP課題で子どもたちは高さの違う音（高い音と低い音）の組み合わせを聞かされる。実験を始めるにあたって子どもたちは、高い音は上向きの矢印、低い音は下向きの矢印で表すよう指示される。組み合わせを覚えたら、いろいろな組み合わせの音を聞き、聞いた順番を（高い─低い、低い─高い、高い─高い、低い─低いなど）再現していく。この実験の特徴は、組み合わせられたふた

つの音の間隔がまちまちなことで、ある時は短い間隔で、ある時は少し間をおいて流される。

　ディスレクシアのある子どもは RAP 課題に苦労し、多くの間違いをおかす。はっきりしないのはこの課題で現れた聴覚の問題が、「時間的な」処理にあるのか、「急速な」処理にあるのかということだ。もうひとつ問題がある。こうした課題を処理する時、被験者が答えを声に出して言う（小さく「高い」とか「低い」と声に出してみる）のはままあることだが、ディスレクシアのある子どもは口語に難があるかもしれず、「高い」と聞き取った音を「高い」という言葉にコード化する戦略をうまく使えないことが課題達成に影響しているかもしれない。

　聴覚の障害とディスレクシアの関係を探る最近の研究では、音の合間の「ギャップ（隙間）」を聞き取る課題などで時間的処理に焦点をあてたり、その他にも音声知覚に関連するさまざまな情報の知覚を測ろうとしている。例えば音のピッチ、強度、音の変調（音の高さや大きさの変化）、音声刺激の開始や継続時間などだ。多くの調査で、ディスレクシアのある被験者と対照群との成績の違いが報告されている。また、聴覚処理と読みの技量に緩やかな相関を認める研究もある。とはいえ、多くの研究が年長の子どもや成人を対象としており、縦断研究も少ない。仮に基本的な聴覚処理の問題が読みの困難へと続く滝の源泉になるとするなら、そのような困難は発達の早い段階で現れているはずであり、それによってその後の音韻知覚や音韻意識がどうなるか、予測できるはずだ。

　わたしたちのウェルカム・ランゲッジ・アンド・リーディング・プロジェクト（Wellcome Language and Reading Project）では、最近

この仮説を検証するため、ディスレクシアの危険因子がある子ども
とない子どもの、異なる周波数（音の高さ）の聞き分け課題を通して、
聴覚処理がその後の言語発達を予測できると言えるかどうかを調べ
た。まず4歳半時に周波数の聞き分け課題を行う。そして、聞き分
け課題の結果が一年後、さらに8歳時の読みの発達をどの程度予測
できるかを調べた。周波数を聞き分けられることから読みや話す力
の発達を予測できるようなデータは得られなかったが、聞き分け課
題の成績と言語能力と注意力には強い相関があった。さらに、読み
の発達に関与していたのは言語能力だった。周波数の聞き分けが最
も難しかったのは言語能力の低い（注意力も乏しい）子どもであって、
家系的にディスレクシアの危険因子がある子どもではなかった。こ
のことから、聞き分け課題のような問題は注意力に左右されるので
あって、ディスレクシアとは直接の関係はないと考えられる。

　研究者たちは、ディスレクシアで音韻能力が低いのは、音声知覚
に原因があるとも考えてきた。音声知覚を検査する実験課題でよ
くあるのは、「bee[bi]」と「pea[pi]」など、よく似た音素の組み合
わせを聞いてもらい、違いを聞き分けたり、どちらがどちらかを当
てたりしてもらうものだ。使用される音声刺激は合成されたもので、
その音素の決定的要素について、引き延ばされたり短くされたりし
ている。

　特筆すべきは、刺激となる音声は音響的に可能な範囲で連続的に
変化しているのにもかかわらず、「pea」なら「pea」と、「bee」な
ら「bee」としか聞こえず、決してふたつの音が混じったようには
聞こえないことだ。これを「カテゴリ知覚」という。一般に「bee」
や「pea」を聞く時、決して [b] [p] ふたつの音素の混じった音のよ

うには聞き取っていないのである。ディスレクシアのある人は、こうした課題の正答率が低くなる。特にふたつの音の音響的な境目付近の音が難しく、音を音素にカテゴリ化することに難があると思われる。

　多くの研究で、ディスレクシアのある子ども、成人には音声知覚に障害があると報告されている。ただ、ごく最近の研究では、読みに困難を抱える子どものすべてに音声知覚の問題が見られるわけではないことを示唆する結果が報告されている。どちらかと言えば、音素聞き取り課題のような検査で思わしい成績を上げられないのは、読みの困難に加えて口頭言語に困難を示す子どものようだ。また、ディスレクシアのある子どもの多くは、持続的注意に困難がある。実験室レベルでの音声知覚課題は時間がかかり、かなりの集中力を要する。ディスレクシアのある子どもの検査結果が総じて低いのは、そのあたりにも原因があるかもしれない。

　音声の「カテゴリ知覚」実験での個別の差をできるだけ正しく評価するには、ディスレクシアのある子ども、口頭言語に困難のある子ども（発達性言語障害）、両方の状態が見られる子どもの課題達成を比較するといい。さらには、難しい音が続いたら聞き分けやすい音を差しはさむなどして、集中力が続いているかどうかを確かめながら進めていくといい。こうした作戦をたてて検査に臨んだわたしたちウェルカム・ランゲッジ・アンド・リーディング・プロジェクトは、先に挙げたふたつの疑問の両方に答えを得た。まず、読むことと口頭言語の両方に困難のある子どもは音声知覚に問題を有するが、読みだけの難しいディスレクシアの子どもには、音声知覚の問題はさほど見られなかった。もうひとつ、注意の実行的制御が難し

い子どもは課題達成が難しく、そうした子どもたちの成績は全体を通してばらばらだった。

　注意の問題を回避する方法の一つは、音に対する脳の反応を生理学的に測定することだ。ディスレクシアのある子どもや、まだディスレクシアと診断されていないものの家系的リスクのある幼児が、音声の違いを聞き分ける知覚が弱いことを報告する研究もいくつかあるが、結果は混在している。ウシャ・ゴスワミ（Usha Goswami）は、音声知覚の問題は個々の音声より高次のレベルで起こっているかもしれないとの仮説を提起している。この仮説によれば、話された音声の韻律構造を聞き分けられないことが、その後に現れる言語や音韻の障害の原因になっているということだ。とはいえ、この点に焦点を当てた縦断研究はまだ不足している。

視覚原因仮説

　読むという行為は、目で見たものと言語を結び付けることであるから、視覚情報処理の障害とディスレクシアとの間に因果関係を見出そうとする研究者もいる。昔ながらの視覚記憶障害仮説が掘り起こされたものではなく、ここでいう障害は、明暗や動きを知覚するプロセスや、目の動きのコントロールに関わるものである。視覚心理学者のビル・ラヴグローヴ（Bill Lovegrove）がこの考えを初めて提起したのは 1984 年だった。彼の説を理解するためには、ごく簡単に視覚の仕組みを見ておく必要があるだろう。

　簡単に言うと、目で受け取った情報は、眼球の後ろにある網膜を通して脳の視覚野に送られる。目からの信号は「大細胞システム

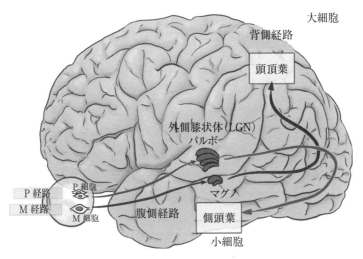

図12　網膜から視覚野をつなぐ大細胞（where）経路と小細胞（what）経路。

（動きが素早く、空間周波数の低い短い刺激に特化）」と「小細胞システム（高空間周波数の、静止しているかゆっくりとした動きまたは色の処理に特化）」で処理される。情報は脳の「外側膝状体LGN」と呼ばれる部位から、背側経路（大細胞システムの続き）を通って後頭頂皮質へ行くか、小細胞システムの延長である腹側経路をとって下側頭皮質へ向かう（図12参照）。背側経路の、特にV5/MT野と呼ばれる部位が、主に動きを感知し、目の動きを制御している（ほかの経路からの刺激も受け取っている）。

　ディスレクシアを視覚の問題として説明しようとする研究は、視覚処理のふたつのシステム（大細胞系と小細胞系）のうち、どちらかひとつに関与すると考えられる課題を取り上げた。大まかに言えば、そうした実験では被験者はふたつのディスプレイを見せられ、例え

ば画面上に現れた点が左へ動いているか、右へ動いているかを答える。ディスプレイは体系だって操作される（点を動かす実験を例にとると、点の多くはてんでんばらばらな方向に動き、実験者は同じ方向に動く点の割合を意図的に操作する）。このような画面で点の動く方向を同定するのは、大細胞系システムだ。ラヴグローヴによると、ディスレクシアは、この種の課題によって明らかになる大細胞系視覚処理の問題と関連がある。この仮説は、ディスレクシアのある人のV5/MT野の脳活動が動体処理の間減少していることがわかって、一気に勢いづいた。さらにはLGNの大細胞層の細胞が、ディスレクシアのある人はそうでない人より小さいことも判明した。

　だが、大細胞系障害仮説はその後さまざまな角度から批判された。最も致命的だったのは、薄暗い環境で行われる動く刺激の捕捉課題が、読みの困難にどうつながるのか、この仮説が説明しきれていないことだった（一般に読書は明るいところで、じっと動かない文章を読む）。大細胞系／背側経路の感度と読むことの相関はどちらかと言えば弱く、このような実験結果がディスレクシアの読みの問題の原因を映し出しているとは言い難いと言われてきている。

　最近のある研究が、低次（初期段階）の視覚情報処理の障害に関わる結果に見られる矛盾を解消するうえで、非常に有効だと思われる。この研究は三つの部分からなる。まず手始めとして、脳の活動を測定して、ディスレクシアの人が動きを捕捉する間、脳のV5/MT野の活動が不活発になることが再現された。次いで、脳のこの領域の活動が、一般の読み手とディスレクシアのある年少の子ども [2] の

　訳注（2）　正しくは、「年少の一般の読み手とディスレクシアのある子ども」。

間で差のないことが示された。子どもたちは読みの習熟度や動作性IQが釣り合うように選ばれている。「差が見られない」ことから、V5/MT野の活動が不活性なのは、それがディスレクシアの原因に関わっているというよりも、むしろ読みの経験度に関係するのではないかと考えられる。それが正しいとすると、支援によって読みが改善されると、同時に脳の活動も活発になるはずだ。最後に、読みの上達を促す一定の支援の後に、脳の活動が増大したことが明らかにされた。対照群のないことがこの研究の弱点ではあるが、結果は興味深く、ディスレクシアが低次の視覚情報処理の障害の結果として発生しているという仮説に疑問を投じるものだ。

視覚的注意仮説

　ディスレクシアの「視覚原因」仮説のさらなる変形に、ディスレクシアのある人は視覚的注意の制御が難しいとするものがある。この説はディスレクシアのある子どもの中に、音韻障害よりも正書法の障害を示す子どもがいる理由を説明する可能性がある（ミーシャの音韻障害は極めて軽いが、一方で彼女の綴りを見る限り、書字の技量は稚拙である）。

　視覚的注意仮説によると、ディスレクシアのある人は注意を向けることのできる範囲（スパン）が狭く、印刷されている文字を左から右へと抽出することが難しい。このことは、解読の規則を適用するに先立って、文字列を抽出するのに不可欠な前提となるので、結果として正書法体系を身につけていくことを妨げる可能性がある。視覚的注意仮説を例証するための実験では、子どもたちは画面上に

ごく短時間映し出される文字を見せられる。次に、ふたつのうちどちらかひとつ、つまり画面上に現れた文字全部か、あるいは矢印が出ていた場合、その矢印が示していた文字を答えるよう言われる。

二番目の、「部分的解答」を求められた場合、ディスレクシアのない子どもは、矢印が差す文字が文字列の左寄り、右寄りにあった時より、中央にあった時のほうが正しく答えられた（両端にあった時も正答率が高かった）。ディスレクシアのある子どもの場合は、矢印の差す文字が文字列の中央からそれていくと、対照群の子どもたちよりも正答率が低くなり、視覚的注意の及ぶ範囲が対照群の子どもたちより狭い可能性がある。

ただし、ディスレクシアのある子どもはそうでない子どもより文字の呼称に時間がかかることはわかっており、課題にうまく対応できないのは視覚的注意の問題であるというより、イニシャル・コーディング、解読の第一歩の部分に時間がかかるからかもしれない。

それを鮮やかに示して見せたのが改良された実験で、文字の呼称を要する代わりに、正しいものと、それ以外のものを並べてその中から指し示されたものを選択すればいいようにした。さらに、並べられたのが文字だった場合、数字だった場合、そしてここが肝心なのだが、命名できない図柄だった場合それぞれの、ディスレクシアのある子どもとない子どもの成績を比較した。

その結果を示したのが図13のグラフで、ディスレクシアのある子どもは、文字や数字の課題では視覚的注意が劣るように見えるが、命名できない図柄の選択では特段差異はない。この実験から言えるのは、ディスレクシアの子が示す困難は主として文字や数字を言語化することから来ているのであって、視覚的注意の及ぶ範囲の結果

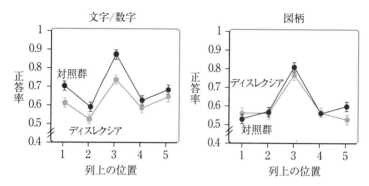

図 13 グラフは指し示された対象物が何であったかを思い出す課題の正答率を示している。左のグラフは文字列、数字の列を用いた場合、右のグラフは文字でも数字でもない図柄を用いた場合である。ディスレクシアのあるなしで顕著な差異が現れるのは、文字か数字を使った場合だけである。

とは言い難いことだ。つまり、こうしたデータからディスレクシアと視覚的注意との因果関係は否定されたと言える。

視覚ストレス

　直接の原因ではないかもしれないが、視覚に感じる不快さ（ストレス）が読み、特に流暢な読みに影響している可能性も提唱されている。視覚ストレスはミアーズ・アーレン・シンドローム（Meares-Irlen syndrome）と呼ばれることもあり、文字が紙面を動き回るなど、対象がゆがんで見える現象だ。これでは読むことがいやになってしまう。視覚ストレス仮説を支持する支援者は、色を付けたレンズを使用したり、色付きのフィルムを紙面におくことでゆがみを調整することを推奨している。するとこの簡単な対処で読みの速度が上がり、理解も高まるという。

　視覚ストレスの「診断」についても、対処法の有効性について
も、眼科の専門家の意見は分かれている。より一般的なところでも、
視覚症状と読みの困難の因果関係は疑わしい。同時期に出生した7
歳から9歳の児童を対象に縦断的に行われた大規模な調査、エイ
ヴォン多世代縦断調査（*Avon Longitudinal Study of Parents and
Children*）のデータを精査した最近の研究でも、視力の問題（弱視
や近視など）で眼科を受診する子どもによくみられる視覚の問題と、
読みの困難との間に、これといった関連は見出されていない。

視聴覚以外の障害とディスレクシア

　ディスレクシアの要因として、視覚と聴覚以外にも、数多くの原
因が提唱されている。何らかの知覚系の障害が、全般的な読みの習
得を阻害しているのではないかというものだ。例えば知覚課題で
参照となる点を固定する（「固定化（anchoring）」）ことができない、
暗黙の学習が困難、運動機能の制御を無意識に行うことができない、
などだ。ひとつ例をあげると小脳障害仮説というものがある。この
説によれば、ディスレクシアのある子どもは新しい技能を身につけ
ることはできるものの、これを自動化できないという。仮説を裏付
けるために行われた実験では、子どもに親指を含む手指を順に動か
す課題を行ってもらう。手順を覚えたら、複数回スムーズに繰り返
してもらう。ディスレクシアのある子どもは覚えるのに時間がかか
り、実行するのも、ディスレクシアのない子どもよりずっとゆっく
りだった。

　次の課題は目を閉じて、平均台の上で片足立ちすることだ。これ

ができるようになると、今度は目を閉じてバランスをとったまま、大きいほうから小さいほうへ数字を三つずつ数えるように言われる。ディスレクシアのある子どもはない子どもよりぐらつきやすく、台から落ちることもある。これは、ディスレクシアのある子どもにとって、バランスをとるのは無意識ではなく、意識的に制御しなければできない動作であるということを示唆している。

　ただし、その後に出た優れたレビューで、バランスのとりにくさは併発する別の障害、例えば ADHD に起因していて、ディスレクシアそのものではないのでは、と指摘されている。さらに言えば、ディスレクシアのある子どもの一部に運動学習や運動調整の障害が見られるとしても、それが読み（と綴り）の習得や流暢に読めるようになることをどのように阻害しているかを説明できるとは思われない。

　まとめると、広汎な困難によってディスレクシアを説明しようとする仮説が、現にある読みの困難という特定の問題を説明しきれているとは言い難い。読みの習得を妨げている要因が幅広いものだとしたら、ディスレクシアの子どもには、現に抱えているよりも多くの困難が表出するのではないかと考えられる。

ディスレクシアの要因——誰もが納得できるものはあるのか

　ディスレクシアの原因を認知の面から説明しようとする研究が数多く行われていることを見てきた。そればかりか、多領域にわたる障害が要因とされてきたことで、中には、「ディスレクシア」という考え方はあまり有益ではないと切り捨てようとする動きもでてい

る。50年以上も科学的知見を重ねた結論がこれでは、有名なこと
わざにあるように、使い終わった風呂のお湯ごと赤ん坊を捨ててし
まう（＝無益なものを処分しようとするあまり有益なものまで廃棄してし
まう）ことになりかねない。批判的レビュー論文を見れば、懐疑論
は少数派で、ディスレクシアの概念は広くコンセンサスが得られて
いることがわかる。必要なのは多様な手法で出された例証を統合し、
ディスレクシアが生じる筋道を説明できるような概念的枠組みであ
る。例証は、ディスレクシアをディメンショナルな[(3)]障害として
扱う研究（認知機能と読みの能力との相関からアプローチする）と、症
例対照研究の手法を用いて、診断可能な「カテゴリー」として扱う
研究とを統合するものでなくてはならない。さらにこの枠組みには、
因果関係の仮説を検証できる介入研究の結果も組み込むべきだろう。

　そのためには、さらに二種の研究を用意しなければならない。一
つには、ディスレクシアに関わる認知の問題だけでなく、個人と個
人の間にどのくらいの違いがあるかを考察する必要がある。なんと
いっても、本書の冒頭にあげたボビー、ミーシャ、ハリーの３人に
は、それぞれに強みもあれば弱点もあり、そうでなければむしろ驚
きである。二つ目に、わたしたちは「因果的優先順位」という考え
方を思い起こし、発達の早い段階でディスレクシアの先駆となるも
のを、読み書きの習得によって認知システムが固まってしまう前に
見つけ出さなければならない。

　一つ目の問題を追究したフランク・ラムス（Franck Ramus）らは、
重要な一歩を刻んだ。ある仮説を別の仮説とぶつけるのではなく、

訳注（3）　○○障害といったカテゴリーではなく、ある症状を段階的に評価
しようとする方式。

ここまで挙げてきたさまざまな障害のうちのいずれかを抱えている、ディスレクシアのある人々を調査の対象とした。手始めは子どもで、個々の音韻処理能力、聴覚情報処理能力、視覚による動体感知、視覚ストレス、運動能力を評価した。ディスレクシアのない子どもを対照群とし、対照群の中央値よりも下回る場合を障害と定義した。ディスレクシアのある子ども 23 人中、12 人が音韻処理障害、6 人が聴覚情報処理障害、2 人が動体感知障害、8 人が視覚ストレス、5 人が運動能力障害を示した。予測された通り、ディスレクシアのある子どものうち、何らかの感覚障害、または運動障害があるのは少数派であった。音韻障害が最も多くの子どもに見られ（とはいえ、全員ではない）、ディスレクシアのある子どもとない子どもとの検査結果に有意な差があったのは、音韻課題だけであった。

　この検査の再現となるのが、フランスでもっと大勢を対象に行われた調査だ。ディスレクシア（先の調査対象よりも重度）のある 164 人の子どもに、音韻能力、視覚ストレス、視覚注意スパンの検査を行った。こちらでも、音韻障害が最も多くて 90％ に見られた。逆に視覚ストレスを示した子どもは 5.5％ で、対照群と比べてもほとんど差はなかった。視覚注意スパンの結果は興味深い。ディスレクシアのある子どもの 28％ に注意スパンの狭さが見られたが、その子どもたち全員が音韻障害を示したのだ。つまり、音韻障害を抱えていない子どもの場合は、視覚注意の障害からディスレクシアになるという仮説は否定されるということになる。

　この一連の調査（に加え、他から得られた結果）は、音韻処理障害仮説を強く支持する結果になった。ただし、ディスレクシアのある人すべてに音韻障害があるわけではない。少なくとも、診断時点で

はそうではない人がいるし、音韻の障害がごく軽いという人もいる。さらには、読みの学習によっても音韻表象が洗練されなかったために、音韻処理に難を抱えているという人もいる。だからこそ、認知能力の評価は、読みの習得につまずく前に行われることが重要なのである。

ディスレクシアの家系的リスクのある子ども

ディスレクシアの発達歴について強力な例証を提供したのが、第一度近親者（親または同胞）内にディスレクシアの人がいる子どもを対象としたいくつかの縦断研究である。

こうした研究は、英語、オランダ語、フィンランド語、チェコ語、スロヴァキア語、中国語といったさまざまな言語を母語とする子どもを対象に行われている。研究者たちは家系的にディスレクシアの危険因子のある子どもたちを、就学前から初等教育前期にかけて追跡しており、このうちのふたつは乳児期から調査を始めている。公表された研究成果を体系的に論じたレビューによると、家系的リスクのある子どもがディスレクシアになる確率は、そうでない子どもの12％に対し、45％であるという。言い換えれば、両親のどちらかがディスレクシアである子どもは、ふたりに一人が将来読むのに困難を示すということだ。さらに、家族にディスレクシアのある人がいる子どもは、結果的にディスレクシアと「診断」されるかどうかにかかわらず、対照群に比べて読み書きに困難を呈し、ディスレクシアがはっきりとした境界線をもたない（ディメンショナルな）障害であることを裏付けている。

一方、成長後ディスレクシアと診断された子どもの、就学前の認知機能に目を向けてみると、どの調査にも共通して、音韻障害が早い時期から見られていた。これは、非単語の復唱、言語記憶、音韻意識、ラピッドネーミングといった課題の結果に示される。また、文字知識に乏しいことも観察されており、これらが読みの三つの基礎をなすという定説とも合致する。だが、ディスレクシアのある子どもには特異的に音韻障害が見られるという仮説とはうらはらに、成長してディスレクシアと判断された子どもたちの多くが、文法や語彙など、音韻に限らず幅広く言語の障害を示した。さらに言えば、口頭言語の困難が小学校入学時まで続く場合、ディスレクシアと「診断」される可能性が高くなっていた。もうひとつ、家系的リスクのある子どもがディスレクシアになるかならないかの分かれ目は、ラピッドネーミング課題の成績にあった。RAN の障害を示した子どもはディスレクシアになる可能性が高く、二重障害仮説を裏付けている。

　家系的リスクの研究の結果、特にその家系的リスクが言語の障害と関わるとわかったことから、わたしたちは 2007 年にウェルカム・ランゲッジ・アンド・リーディング・プロジェクトに着手した。このプロジェクトでは、ディスレクシアの危険因子の高い子どもたちのふたつのグループの、能力の習熟を追いかけた。ふたつのグループの一方は、親にディスレクシアのある子どもたち、もう一方は就学前に言語に障害の見られた子どもたちである。はじめは 3 歳半時に子どもたちを観察し、その後一年ごとに、8 歳まで調査を繰り返した。主題は、将来的にディスレクシアの診断を受けるかもしれない子どもたちに、読みの教育を受ける以前の段階で音韻障害が見ら

れる証拠を得ることだった。

　結論を言えば、その証拠は得られた。8歳時にディスレクシアがあると診断された子どもたちは3歳半の段階で、言語の音韻的な面でつまずきを示し（非単語復唱による）、4歳半以後は定型発達の対照群と比べて、音韻意識とラピッドネーミングの成績が振るわなかった。8歳時に発達性言語障害の要件を満たすとされた子どもたちは、この二つの検査の成績がより悪かった。ところが、発達性言語障害ではあるけれどもディスレクシアではなかった子どもは、当初は音韻意識のつまずきがあっても、次第に習熟し、単語の解読に大きな障害をきたさないようになった（ただし読解力の習熟は遅れがちである）。

　ここまで見てきたことから、音韻処理の障害がディスレクシアの前兆であることは間違いないと言えそうだ。とりわけそれが、読みの教育が始まる前に見られる場合に注意を要する。とはいえ、それを決定要因とするよりも、ディスレクシアの可能性を高める「危険因子」であるととらえるべきだろう。

　実のところ、音韻の障害に加えてそれ以外の何らかの困難が併存したときに、はじめてディスレクシアが発現すると考えるのが妥当だと強く示唆する例証もある。比較的軽い場合、例えば障害が単一の場合だと、子どもがディスレクシア症状のうちのすべてでなく、一部だけを示すこともありうる（ミーシャがそうだったように、綴りが苦手で、つかえながらゆっくりとしか読めないなど）。そうした特徴は年長になって「診断」される中等教育の学生・生徒によく見られ、「代償性ディスレクシア（compensated dyslexia）」と呼ばれることもあるが、むしろ「広範表現型（broader phenotype）ディスレクシア」

とでもいうほうが適切だろう。このように表現することで、遺伝的危険因子（家族にディスレクシアのある人がいる）によって発現するディスレクシアは、最初は音韻の障害として現れるという事実がよく伝わるからだ。

　音韻の困難は読み書きを習得するうえで障害になる。どの程度の障害とされるかは、それ以外の危険因子や保護因子の存在によって決まる。ブルース・ペニントン（Bruce Pennington）の主張が言いえて妙だ。いわく、ディスレクシアのような障害は多要因（multifactorial）である。多様なディスレクシアの原因仮説を考える際にひとつ有効な視点は、それぞれの仮説が、ディスレクシアを誘因する数々の危険因子それぞれに光をあてていると考えてみることではないだろうか。ペニントンの枠組みでは、それぞれの危険因子が、核となる音韻の障害を悪化させるように働き、そこに読むことも含まれていて、それによってディスレクシアと診断される可能性は高まるとしている。この議論を裏付けるには、データがもっと必要である。

第4章　ディスレクシア
——遺伝と環境　社会階層は働くのか

　ボビー、ミーシャ、ハリーは3人ともディスレクシアがあり、3人とも音韻に障害がある。ミーシャの障害はボビーやハリーより軽く、ミーシャはほかの2人に比べ、困難をうまく回避できているようだ。しかし、本章で見ていくように、3人には共通項がある。家系のなかに読み書きの障害が見られることだ。そこで、ディスレクシアが遺伝的素因の表れではないかと考えるのはあながち論理の飛躍とは言えまい。ただし、その発現の仕方は三者三様だ。その理由は、もともとの障害の程度がまちまちであることかもしれないし、あるいは三者が得られた支援の違い、または学校を含めた取り巻く環境の違いによるのかもしれない。本章では、ディスレクシアの生物学的根拠を考察し、ディスレクシアが遺伝性である証拠は何かを問う。さらに、遺伝的影響を和らげるための、環境の役割について考える。

ディスレクシアは遺伝するか

　ディスレクシアが家族間で伝わるようだということは、長年知られていた。サミュエル・O・オートンが初期の著作で触れてからは、はっきりそう考えられるようになっている。神経発達症の特性として、ディスレクシアも発達初期に発現し、（成長とともに症状が和ら

ぐことはあるものの）持続し、遺伝する可能性がある。3人のケース
で考えてみよう。

　ボビーの父親はエンジニアで、自分としては決して「読むのが得
意」とは思っていないが、仕事の上では成功を収めてきている。母
親は管理職についている。父方の親族には、話すのに困難がある人、
ディスレクシアのある人がいるようだが、母方にはそうした傾向は
見受けられない。ミーシャは第三子で、姉2人は成績優秀だが、数
学だけは2人とも苦手としている。母方のおじは、学校で読むの
に苦労をしたが、「診断」を受けたことはない。ハリーの親族には、
父方、母方ともにディスレクシアのある人がいる。ただし、両親は
ふたりとも、読み書きや計算に苦労はしていない。おじのひとりが
ディスレクシアで、そのふたりの子ども、つまりハリーのいとこた
ちもディスレクシアがある。

　ディスレクシアの遺伝を議論するのは、重要ではあるが、単純で
はない。以前にも取り上げたように、読みの困難が一族にまとまっ
て見られることは、20世紀の前半、多くの臨床家が指摘していた。
この問題が初めて公式に取り上げられて調査されたのは、1950年
代だが、家族は遺伝子だけでなく環境も共有している。だとすると、
ディスレクシアの要因が環境ではなく遺伝子であると言い切れるだ
ろうか。遺伝子の影響と環境の影響とを解きほぐすのに最適の条件
を提供してくれたのが、双子だった。

　双生児の研究は、100％同じ遺伝情報を持つ一卵性双生児（MZ）
と、平均して50％共通の遺伝情報を持つ二卵性双生児（DZ）を比
較した結果を考察する。一卵性も二卵性も、通常生育環境は（少な
くとも10代までは）同じであると考えられるので、ある特性を見た

ときに、MZ 双生児のほうが DZ 双生児より似ているとすれば、それは遺伝子が共通しているためであると考えられる。双子の双方にディスレクシアが起こる率（一致率）は、一卵性双生児（およそ90％）の方が、二卵性双生児（およそ40％）より高かった。

　だがこれまで見てきたように、ディスレクシアはこれといってはっきりとした境界線を持たない。むしろ、軽度から重度へと遷移する段階的な障害だ。簡単に言えば、ディスレクシアは読みの困難の極にあるのだ。一致率を比較する研究の限界は、研究者たちがディスレクシアを「0か100か」のように扱ったところにあった。ディスレクシアは、あるかないかのどちらかである、と。一方、行動遺伝学のアプローチは、遺伝の影響を評価する際、読み（なりほかの特性なり）が連続的に遷移することを考慮している。

　統計モデルを用い、読みの課題の個人差のうち、どの程度が共有遺伝子によるもので、どの程度が共有環境によるものかが推定された。図14は、この方法の典型例を示している。それによると、二卵性双生児の片割れが読みのテストで低い成績をとったとする（ディスレクシアを発現しているほうをプロバンド＝発端者と呼ぶ）と、もうひとりの成績は平均値に近づくと推定される。「平均への回帰」と呼ばれるこのような「ずれ（ドリフト）」は、一卵性双生児ではずっと小さくなる。言いかえると、この「ずれ」の量が、その特性に対する遺伝子の影響を示している。

　双生児研究は、母数さえ充分にあれば、個人差を生じうる三つの要因が特性の形成にそれぞれどの程度影響しているかを割り出すことができる。読みの習熟に影響を与える遺伝要因、共有環境要因、非共有環境要因（加えて、特性の測定時に生じる誤差）である。「遺

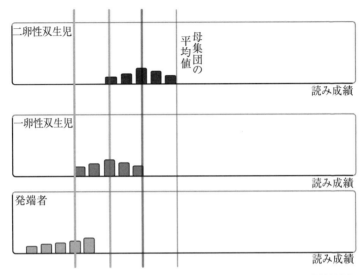

図14　ディスレクシアのある片割れの読みの成績（下のグラフ）、その一卵性双生児の成績（中のグラフ）二卵性双生児の成績（上のグラフ）。二卵性双生児の成績は一卵性双生児の成績より平均値に近い。これを「平均への回帰」という。

伝率」は、特性の違いのうち、遺伝に起因すると推定される割合であり、遺伝率が高いほど、その特性には遺伝の寄与が大きいということになる。遺伝率の推定値は 0（遺伝の影響がまったくない）〜 1.0（完全に遺伝による）で、流暢な読みを習得する遺伝率は高く、推定値は 0.7 つまり読みにおける個人差の 70％は遺伝要因によるということだ。

　読みをはじめとする学習障害を、遺伝要因と環境要因からとらえようとする研究は、アメリカ合衆国コロラド大学がリードした。ここは 1992 年以来アメリカ合衆国国立衛生研究所から双生児研究の助成金を受け、近年では、コロラド、オーストラリア、スカンディ

ナヴィアの子どもたちの読みの習熟を追跡した「国際縦断双生児研究」も行っている。この研究により、就学早期からの読みの習熟の個人差に、遺伝要因が関わっていることが立証された。

　ところが読み教育が始まる以前の段階では、環境要因の方が個人差には大きく影響していた。家庭の読書環境や読み書きに対する親の考え方が反映されているのは間違いない。また、文字の習得など読みが習熟する過程に関わる遺伝要因は、言語能力に関わる遺伝要因とは異なっているらしいこともわかってきた。もちろん、言語能力は読みの基礎でもあるし、読解力には欠かせない土台である。

　読みの習熟度合のスペクトル上で最も困難な極にあるディスレクシアに注目してみると、集団属性（すなわちディスレクシアがあること）には、共有遺伝子の関与が大きいことがはっきり証明された。また、国際データは、ふたつの特性の相関を評価するのにも用いられた。特に取り上げられた特性というのは、読みと、その主要な基礎となる音韻意識だ。そこで分かった重要な点が、音韻意識と読み、すなわち解読には遺伝的に高い相関があることで、ここから、両者に共通する遺伝要因が影響していること、さらにはその根底をなす仕組みには共通する原因があることがうかがえる。

　行動遺伝学の研究は、読む技能の経年的な安定性を理解する一助にもなっている。英国で実施された大規模な双生児早期発達調査（Twins Early Development Study TEDS）は、同時期に出生した双生児の集団を2歳から思春期まで追跡調査し、口頭言語、読み、行動などを幅広く調査した。この研究が重要なのは、同じ因子（遺伝かつ／または環境）が異なる年齢層でも作用しているかどうかを調べられるところだ。読みの流暢性（単語や文章の読みの速さのこと）は

7歳時で初めて測定され、次いで、12歳時、16歳時で追跡調査された。結果は明白だった。7歳、12歳、16歳に共通して影響する遺伝因子があったことに加え、年齢を重ねると新たな遺伝的影響も加わった。一方共通環境因子の影響は小さく、この研究では、有意であったのは7歳時だけだった。

　TEDS調査では、読みの調査と同じ年齢の時に口頭言語の調査も行っている。したがって、言語能力と読み能力の遺伝的相関を推定することができる。相関は中程度（弱い正の相関）で、言語能力と読みの流暢性とに共通して作用している遺伝的影響は25％前後（音韻意識より弱い）だった。興味深いことに、言語能力と読解力の相関はずっと高い（0.8）。これは、話し言葉が遺伝子レベルでは読みよりは読解のほうにずっと近く関与していることの表れだ。

　全体として、TEDS調査の結果は、コロラド大学チームの成果と一致し、読むことが学習による行動であることを考えると直観的には逆かもしれないが、読みの習熟に環境要因の影響はどちらかと言えば小さい。しかしながら、この結果はあくまでも調査対象とされた限定的な集団の結果であり、彼らの置かれている環境に限って言えることであるのは留意する必要があるだろう。また、これらの調査は、あらゆる遺伝的影響をとらえられたわけではない。教育制度によっては環境要因がもっと強く働くことも予測される。学校が提供する教育の中身や質には、学校間、地域間で大きな差があるからだ。さらに、これらの結果は集団のパターンを表現しており、個々の子どもの読みの困難の要因となっている遺伝要因や環境要因を語ってくれてはいない。ただ、読みを習得するのに遺伝要因が強く働いているという結果は受け入れるにしても、だからといって困難

を抱えて苦しんでいる人たちへの支援が無駄なわけでは決してない。

「ディスレクシア遺伝子」を探す

　読みの習得に遺伝要因がどの程度の割合で影響を与えているのか
を推定できれば、遺伝率をある程度推測することはできる。とはい
えそれで、ディスレクシアに関与している遺伝子そのものを特定で
きるわけではない。まず肝心なのは、ディスレクシアに関与する遺
伝子は単一ではないと押さえておくことだ。むしろ、多くの遺伝子
のちょっとした影響がまとまって働いていると考えられる。この
20年の間、ディスレクシアの分子遺伝学は大きな関心の的だった。
研究の進行はとても速く、候補となる遺伝子もいくつか挙がったも
のの、関わっている遺伝子は数千に及ぶと思われるので、解明には
まだ時間がかかりそうだ。よく言われることだが、「見逃されてい
る遺伝率（missing heritability）への道のりは遠い」のである。

　先に進む前に少し立ち止まって、遺伝子が発達にどのように関
与するのか、簡単に振り返っておこう。人間の細胞には23対の染
色体がある（22対が常染色体で1対が性染色体）。染色体には、遺伝
情報を持つ遺伝子があり、これは両親から受け継ぐので、人はそれ
ぞれの遺伝子座に母親から受け継いだ遺伝子と父親から受け継いだ
遺伝子の、ふたつのコピー（対立遺伝子）を持っている。遺伝子は
DNA（デオキシリボ核酸）の鎖からなり、有機体の発達を「指図」
しているのは、遺伝子に含まれるこのDNA鎖が抱えている情報で
ある（図15参照）。

　個々人が持つ遺伝子を組み合わせたものを遺伝子型といい、そ

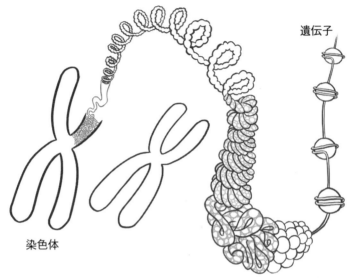

遺伝子

染色体

図15　個人の遺伝情報は染色体に含まれる。これは、染色体が遺伝子の糸からなる様子を図解したものだ。6番染色体上のROBO1遺伝子やKIAA0139遺伝子などが、ディスレクシアに関与するのではないかと言われている。

れが心身の形質（読みもそのひとつ）に現れたものを表現型という。分子遺伝学では、読みの個人差（特に「ディスレクシア表現型」）と、ディスレクシアのある人の遺伝型とその血縁者でディスレクシアのない人の遺伝型の違いとが、どのように関係しているかに注目してきた。ヒトのゲノムには30億ものDNA塩基対に20000〜25000種の遺伝子が含まれているため、どの遺伝子が何を担うかを解明するのは相当な難問だ。それに忘れてならないのは、遺伝子が環境を通して働くことであり、環境はひとりひとりにとって異なるうえ、遺伝子は遺伝子相互でも影響し合うのである。

　ディスレクシアの遺伝的基盤を理解するために最初に用いられた

のは、連鎖解析（linkage study）という方法だ。ディスレクシアの
ある人々のDNAと、生物学的にその人物と近くてディスレクシア
のない人々のDNAとを丹念に比較することで、ディスレクシアの
ある人同士でとりわけよく似た染色体の領域を同定し、そこから読
みの習得の差につながりそうな遺伝的な違いを見定めることが可能
になるであろうというわけだ。

　このやり方から、1番、2番、3番、6番、15番、18番の染色体
上の広大な領域が、ディスレクシアに関与している可能性があるも
のとして割り出された。さらに別の技術なども用い、その領域上に
あって、ディスレクシアの発現に関わっているのではないかと思
われる「候補遺伝子」がいくつか特定された。ただしほとんど場合、
候補遺伝子とディスレクシア特性の関係は比較的弱かった。その上
検査結果が再現できないこともあって、もともとの相関が特定の被
験者集団にしか当てはまらないものだった可能性も出てきている。

　連鎖解析に続いて関心が向けられたのは、ゲノム全域にわたるゲ
ノムワイド関連解析（genome-wide association studies：GWAS）だ。
おびただしい数の塩基多型と行動指標との関係を調べようという研
究で、偶然の一致を排除するためには膨大なサンプルを必要とする。
ディスレクシアの遺伝要因を理解するためのGWAS研究は複数行
われ、読みや読みに関連する行動（表現型）の変異がゲノム（遺伝
子型）の変異とどのように関係しているか調査された。用いられ
たのは高密度アレイ・ジェノタイピング（high-density array-based
genotyping）という技術で、遺伝子間の変異としてよく起こる一塩
基多型（または単塩基多型、SNPs「スニップ」）を調べた。サンプル
を選んで（個別ケースを用いる場合もある）フォローアップ観察すれ

ば、ある症状が進んでいくのに特定の遺伝子が関与しているかどうかを確かめることができる。現時点では、候補遺伝子のいくつかとディスレクシアに一定の関係は認められるものの、再現例が少なく、確証を得られるには至っていない。

　簡単にまとめると、ディスレクシアには遺伝要因はあるが、どの遺伝子がその原因になっているかを把握するにはまだ道のりは遠い。将来的にはさらに革新が進んだ遺伝子解析技術を用いた研究もおこなわれるだろうが、冒頭で紹介した３人の事例を見てもわかる通り、遺伝子の発現の様子は単純なものではなく、個々人のディスレクシアの様相は、それぞれに大きく異なっているのである。

ディスレクシアの遺伝における環境の役割は何か

　ディスレクシアに遺伝要因が大きく働いているのなら、環境は重要ではないのだろうか。遺伝学に関する最大の誤解は、遺伝子がわたしたちの運命を決めてしまうと考えることだ。遺伝子は環境要因を受けて発現し、環境はわたしたちの発達に甚大な影響を及ぼす。ボディビルダーはエクササイズで肉体改造する。健康状態や認知能力は、栄養摂取に左右され得る。そして、読み書きができない人々の研究からわかるのは、読み書きが脳の働きを変えるということだ。脳が変わりうることがよくわかる例が、遺伝子異常によっておこる先天性疾患のフェニルケトン尿症（PKU）だ。PKU は治療を受けないと、血流中にフェニルアラニンという物質が蓄積し、これがタンパク質の代謝を阻害して脳に損傷を与える。幸いにも現在では新生児にスクリーニングが行われるので早期発見できる。かつて

は PKU をもって生まれると知的な発達に遅れが出ていたが、現在は低タンパク療法によって遅れはなくなっている。

　ディスレクシアは PKU ほど深刻な症状とは言えないし、食事療法や薬物で改善されるという例証はない。ただし、ディスレクシアの危険因子を持つ幼児を取り巻く環境は、読み書きの習得や学業成績にかなりの影響を及ぼす可能性がある。その後思春期、成人へと成長してからも、ディスレクシアという問題がどのようにとり扱われてきたかが、学業達成だけでなく、学校での自己評価や成人期の心身の健康にも大きく作用しうる。そこでここからは、ディスレクシアの影響を和らげる可能性のある要因を見ていこう。

「肝心なのは環境だ、馬鹿者」[1]

　この言葉は児童心理と児童精神医学の主要雑誌の編集者がこしらえたコピーで、精神的な問題を抱える子どもの、遺伝子レベルでは把握できない部分を埋めるのが環境であると指摘している。では、ディスレクシアの発現に環境が果たしている役割とは何だろう。子どもの発達全般に環境が大きな影響を及ぼしていることはさんざん証明されており、読みの習熟はその好例だ。識字環境が整った家庭で育った子どもは読みの習得も速く、学校教育は教育成果に大きく貢献する。さらに話を広げると、わたしたちが生まれ落ちた社会の文化が、読み書きの社会的価値を決定づけている。こうした影響をどうとらえればいいのだろうか。

　訳注（1）　1990 年代、クリントン大統領の広報担当者が作ったキャンペーンコピー「肝心なのは経済だ、馬鹿者」をもじったもの。

　ウルリッヒ・ブロンフェンブレンナー（Ulrich Bronfenbrenner）は、必読書ともいえる発達「生態学」の著書で、子どもを取り巻く環境構造をロシアの入れ子人形マトリョーシカになぞらえ、子どもはその真ん中にいると提唱している。階層状の構造に、ブロンフェンブレンナーはそれぞれ、ミクロシステム、メゾシステム、エクソシステム、マクロシステムの語をあてている。さらにブロンフェンブレンナーは、それぞれのシステムの間に相互関係があるとしている。この考え方では、発達していく人自身も、自分の発達の能動的な参与者だ。

　これをディスレクシアに当てはめてみると、家庭の識字環境は、「ミクロシステム」であり、子どもはその中で親や兄弟姉妹と関わり合い、その環境が言葉の発達を促したり阻害したりして、読むための土台作りに関わってくる。学校やそこで行われる読みのカリキュラム授業はメゾシステムだ。家庭と学校のやり取りは、ミクロシステムとメゾシステムの相互作用に相当する。エクソシステムはその子が生まれ育つ地域社会が及ぼす影響をあらわす。エクソシステムが体現しているのは一般的な社会経済状況で、よく知られた、読みの達成の社会的格差に関わるとすればこの部分になる。相互作用の側面からみると、低所得層の多く住む地域では地域社会のリソースが少なく、連鎖反応的に学校の質が影響を受け、子どもが読む力の獲得のために利用できる知識や文化的経験も乏しくなりがちだ。最後のマクロシステムは地域よりも大きな社会全体の信条や価値観で、これが教育政策を左右する。学習に用いる言語もマクロシステムの一部である。図 16 はブロンフェンブレンナーの枠組みを使って、読みを習得しようとしている子どもに影響を与える環境要

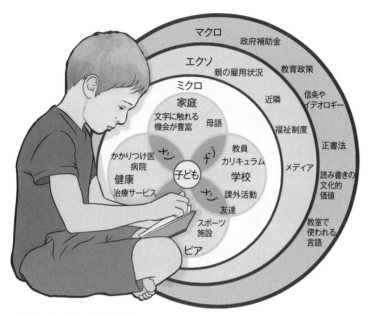

図 16　読み書きに影響を与えるものたち：ブロンフェンブレンナーの枠組みに沿って

因を示した。

　ディスレクシアに影響する環境要因に関する研究のほとんどは、このうち、ミクロシステムとメゾシステムに着目している。だが、わたしたちは視野をもっと広く持ち、文化状況、すなわちマクロシステムにも留意する必要がある。言語ごとの正書法が、子どもの読み習得を易しくも難しくもすることは、すでに見た通りだ。読みを習得しようとする時、育っているのが多言語社会であったり、教科教育が母語でない言語で行われていたりすれば、難しさのハードルは上がる。また、ダイグロシアの状態にある場合も、困難が増す。

ダイグロシアとは、状況に応じひとつのコミュニティ内で同一言語の二つの変種を使い分けることで、学校教育では通常そのうちの一方だけが使われる。社会全体が読み書きに重きをおいていると、識字レベルが低い親は選べる仕事が限られてしまい、世帯収入も低くなる。そうなると住まいを決めようとする時、必然的に低所得でも賄える地域を選ばざるをえないが、子どもたちが通う学校の質は、近隣地域の社会階層で決まってしまう場合が多い。ディスレクシアのある子どもは、そうでない場合より手厚い支援を必要としているが、悲しいことに不利のサイクルによって、受けられる支援の種類も限られてしまうのが実状だ。

家庭の識字環境

「家庭の識字環境（Home Literacy Environment：HLE）」は、家庭において子どもの読み書きの発達を促す条件を、生育、活動、関心など幅広い面からとらえようとするのに使われる用語だ。HLEの測定には、親の学歴や職業も含めた家族構成、親の読書習慣などの家庭内の読み書きに関わる活動、文字や読み書きを教えているかどうか、間接的要素として家庭の蔵書などが使われる。どれも、子どもの読みに関わる能力を予測するための重要な要素だ。だが最も強く影響するのは、どうやら子どもと一緒に本を読むといった、能動的かつ相互のやり取りがある活動のようだ。

定評のあるカナダの研究では、子どもを幼稚園（5、6歳）から小学校3年生時（8、9歳）まで追いかけて、早期の読みの発達に与えるHLEの影響を調べている。幼稚園で測定されたHLEはふたつ

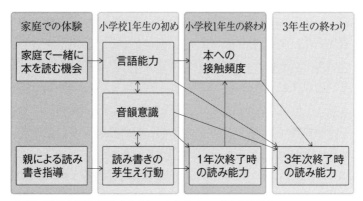

図17　HLE の影響を表したセネシャルとルフェーヴルのモデル。

あった。家庭でどの程度本に触れているかといったインフォーマルな活動を、児童書の題名や著者名を親がどの程度知っているかで測っているのと、教材を使った読み書き指導のようなフォーマルな活動である。

　この二つは、別々の能力の下地になる（図17参照）。本に触れる——子どもと本について話す——のは、言語理解の個人差となって現れる。一方、直接的な文字指導は芽生え的な文字の解読や、単語を綴ろうとする試みにつながる。面白いことには、HLE のどちらの要素も、音韻意識には直結しないが、読み書きの芽生え行動と言語能力は、読むことを習得する重要な基礎である音韻意識に密接にかかわっているのである。

　これ以前の多くの研究成果と矛盾なく、幼稚園時の読み書きの芽生え行動と音韻意識の個人差が、小学校 1 年生時の読みの成績につながり、この時期の個人差が小学校 3 年生時の読みの進捗につながっていく。ただし、子どもの読みの成績を予見させるものはもう

ひとつあり、それが小学校1年生時の言語理解力と、子どもが自分自身で読んでいる頻度だ。

　研究の成果から、初等教育における読みの技能に影響するふたつの環境因子が浮かび上がった。親が用意するHLEと、子ども自身が自分で選ぶ読み書き活動で、これは活字接触頻度（print exposure）などと言われることもある。活字接触頻度は、教科学習以外で読む頻度のことで、「娯楽としての読書」のことでもある（図18参照）。ディスレクシアのある子どもは、これに割く時間が短くなりやすい。

　この研究が追跡調査したのは中流家庭の子どもたちで、大部分の家庭が平均以上に教養があったと考えられる。どちらかの親にディスレクシアがある家庭のHLEが、家族みんなが熱心に読書に励む家庭のHLEと違ってしまうのは想像に難くない。読むのに苦労を強いられたら本や新聞を楽しく読めそうにないし、図書館に行くよりも、スポーツなど読むのとは関係ないことをしたくなるだろうし、ニュースも新聞よりテレビで知ろうとするだろう。

　ディスレクシアのある人のいる家庭のHLEに関する調査はほとんどないが、社会経済条件を補正したうえで調べると、ディスレクシアのある人がいる家庭の環境は「標準（norm）」家庭と大差なかったことが報告されている。ただ、読書への関心はおしなべて低い傾向が見られた。（ディスレクシアのある人のいる家庭では読むことに関わる活動を選ばないだろうと仮定したとすると）意外かもしれないが、「ディスレクシア家庭」では、対照群の家庭よりむしろ多くの時間を費やし、親が子どもに文字などを積極的に教える傾向もみられている。また、物語の読み聞かせが「リスク状態にある子ど

図18　エデュアール・ヴュイヤールの「書斎にて」：完璧な HLE ？

も」に予防効果がありそうだという結果もみられた。

　わたしたちのウェルカム・ランゲッジ・アンド・リーディング・プロジェクトでは、読み聞かせが読むことだけでなく音韻意識の向上にもつながることを示している。さらに、HLE は学校での学習に対しての下地作りに社会経済状況が及ぼしている影響を和らげる役目も果たすようだ。さらに有益な発見もあった。親が家庭に持ち込む読み書きと言語の能力（環境を通じて発現した親の遺伝子）が、子どもの読みや言語能力に強く影響するということだ。

　わたしたちは、子どもだけではなく、親の識字と言語能力も判定した。母親側の能力、HLE、子どもの読みと言語能力の関係を表すモデルによってまずわかったのは、母親の言語能力が子どもの言語能力の予測因子になっていることで、次にわかったのが、母親の音韻能力が子どもの読みと綴りの予測因子になっていることだった。母親の能力は HLE のうち、インフォーマルな側面に関わる。つまり、教材を使って読み書きを教えるという形ではなく、物語を読み聞かせるというような側面だ。またこれが重要なのだが、母親の言語能力を考慮に入れると、児童書への接触頻度は子どもの読みや言語能力の予測因子としてはさほど意味をもたなくなった。一方、読み書きを直接指導することは、母親の能力いかんにかかわらず、その後の読みや綴りの習得を左右する因子として残った。ここから言えることは、どうやら、幼児期からの家庭でのインフォーマルな読み書き活動と子どもの言語と読み能力の発達との関係は、ほとんどが母親の能力によって説明できる、つまり環境因子よりも母親からの遺伝的影響を反映しているらしいということだ。

　ディスレクシアのある人がいる家庭の HLE 研究はまだ萌芽期に

ある。これまでに報告されている結果の普遍性を確かめるために、さらに研究を進めることが求められる。将来的には、HLEの「量」だけでなく「質」を測定できるようにすることが望まれる。また、ディスレクシアのある親の習慣行動を変えることで、子どもの読みの困難が回避できるかどうかを検証することも必要だ。

学校の効果

　学校はさまざまな要素から成る機関で、個々の子どもの読みの習得に与える影響を単純に割り出すことは難しい。学校の効果の測定は、幅広い教育成果に対し、学校が及ぼせる影響力を測ることを目指して行われる。しかし、整理しておかなければならない課題は多い。例えば、学校の「質」をどう測るのか、学級のまとまりや教員の意気込みは測定することができるのだろうか。学校としての成果に、近隣の学校や政治的な社会情勢が及ぼすであろう影響はどのように考慮すればいいのだろうか。こうした問題ばかりか、児童の吸収力はひとりひとりばらばらだ。にもかかわらず、学校は子どもの学習達成に変化を及ぼすことができる。だがそうして見えているのは全般的な状況であって、ディスレクシアのある子どもが異なる学校環境に置かれたときに、発達が違ってくるのかどうかについては、いまだわかっていない。事例からは、専門的な対応、例えばディスレクシアに特化した学校などの支援で、重度のディスレクシアに改善がみられることはうかがえるが、明白な結果は得られていない。支援の効果は自己肯定感や心身の健康（ウェルビーイング）を高めるのに有効だっただけであって、教育成果に直接結びついてはいな

いかもしれないのだ。

　ディスレクシアのある多くの子どものために、学校が果たすことのできる役割について、もっと知ろうとしなければならない。その小さな一歩を試みているのが、指導と学習の多様化を推奨する英国ディスレクシア協会だ。ディスレクシア・フレンドリー・スクールでは、校長から支援員、給食の調理員に至るまで、ディスレクシア関連の問題を認識している。学びの質はディスレクシアのある生徒に合わせて保障され、子どものニーズに合わせた支援を構築するため、教員と保護者の連携も密である。このような水準を目指すことが重要であるのは間違いないが、ディスレクシアのある子どもひとりひとりに、どのような効果を及ぼしているかを数値として測定するのは非常に難しい。

指導と学習の効果

　ミクロレベルでは、体系化された読みの指導が子どもの読む力を伸ばすうえで有効であることを示す証拠はふんだんにある。第6章「ディスレクシアには「何が有効か」」で論じるので、ここではまず、それが重要な環境要因であることを心に留めておきたい。加えて、ディスレクシアのある子どもへの指導と学習の効果を、もっと広い視点でとらえておくことの重要性も考えておきたい。

　支援のカリキュラムは、特定の能力を対象とする。ディスレクシアのある子どもの場合、だいたいは読みと綴りの改善に焦点がいくし、それ自体は間違っていない。だが同時に、ディスレクシアがあることでもたらされる困難や、学校や、将来的には職場に適応する

のを阻害するような問題をも視野に入れた教育環境を整える必要がある。ディスレクシアのある子どもの多くは、算数の習得にもつまずくことが多い。ミーシャとふたりの姉たちは数学が苦手だった。その上ミーシャは内気な性格で、数字がかかわる授業になるとどんどん消極的になる。数学の苦手な子どもたちによくみられる現象だ。ボビーも計算は苦手だったが、数の概念はよくとらえていたようだ。ボビーの場合、基礎的な計算をカバーできるようにサポートするのは、決して発達の妨げにはならないだろう。ボビーは科学やエンジニアに興味を示していて、数学に熟達することは将来的にきっと必要になってくるからだ。

　ハリーは、学校教育を離れてからかなり経っている。親や家庭教師から読むことと書くことへの多くのサポートを受けたが、学校はあまり協力的でなく、ディスレクシアであることに配慮してもらえたことはなかった。ディスレクシアであるために、ハリーは自分が勉強ができないと思い込み、自信を失ったまま卒業したものと思われる。進学することも可能だったが、その選択はしなかった。ボビーは早くも学校に嫌気がさしている。明らかに、授業で感じる焦燥感からくる問題行動もある。ディスレクシアがあるからといって、これほど広範に、行動や感情的な適応が影響されていいわけがない。技術は開発されてきているのだから、学校は、特別な配慮を必要とする子ども全員に、適切な学びを提供するべきだ。

遺伝子は環境を選択する

　ディスレクシアの遺伝因子の研究は、ある意味環境因子の研究よ

108

りも進んでいる。このふたつの因子は、個人の読みの発達とは基本
的に別々に関わっているはずだが、その実、完全に分けて考えるこ
ともできない。

　遺伝子と環境の相互作用は、ディスレクシアの理解にはとりわけ
重要だ。遺伝子と環境の相互作用（遺伝子―環境相関 rGE）は、環
境によって発現する遺伝子の影響を推定する。ディスレクシアの場
合だと、両親はそれぞれが子どもと遺伝子を 50％共有しているわ
けだが、それだけでなく、子育てのやり方にそれぞれの遺伝子型に
沿った環境（それはもしかしたら、あまり本を読まない環境かもしれな
い）を持ち込む。この、遺伝と環境の両方に親が寄与するのが「受
動的（passive）rGE」だ。ふたつめの相関は「喚起型（evocative）
rGE」で、特に個人間の相互作用を促す。例えば、遺伝的にディス
レクシアの危険因子を受け継いだ子どもが、遺伝的な危険因子を持
たない子どもに比べて読みたがらなくなるのがその例だ。もうひと
つ、「能動的（active）rGE」という相関があって、ディスレクシア
のある子どもが自ら、文字にできるだけ触れなくて済むような環境
を選ぶ（むしろ体を動かすことを中心に過ごせる環境を選ぶかもしれな
い）、というのがその例だ。つまり、いわゆる「環境」因子、例え
ば子どもがどれだけ本を読むかというのも、それ自体が遺伝するか
もしれない（これを立証する報告も続々と現れている）。

　ディスレクシアに影響している rGE の遺伝子を割り出せる研究
はまだできていない。それにもまして切望されるのが、子どもたち
が読み書きに親しみ、楽しむことに強力な影響を与える遺伝子を見
つけ出すことだ。

第5章　ディスレクシアの脳

　あらゆる行動は、読むことも含めて脳によって制御されている。
したがって、ディスレクシアの脳には構造や機能に何か違いがあっ
て、それが読むことの習得を妨げているのだろうか、という問いを
たてるのはごく自然なことだ。

　当初から、先天的な読字障害であるディスレクシアには神経学的
な要因があると言われていたものの、ディスレクシアの脳の特異性
が初めて直接的に報告されたのは、アメリカ合衆国ボストンの研究
グループからだった。生前ディスレクシアのあった男性5人の解剖
遺体の脳標本を検査したグループは、脳で言語をつかさどる左脳と
前頭部に、異所性と呼ばれる先天異常が起きていることを発見した。
ほとんど顕微鏡レベルの異常で、グループは、胎児期に神経細胞の
ニューロンが誤って侵入したことによるものと考えた。また、側頭
平面（planum temporale）に異常な対称性が見られたことも報告し
ている。

　ボストン・グループの発見は、以来議論の的になってきた。何よ
り、脳の持ち主のディスレクシアの程度がほとんど分かっていなかっ
たことが大きい。さらには、脳の発達に、ディスレクシアの原因遺
伝子と見られる候補遺伝子がどのような役割を果たしているのか動
物実験で調べても、神経細胞の遊走に関わる仮説を支持する結果
は見つけられなかった。この話題については、ビショップ・ブログ
（Bishop Blog）という興味深いブログがさらに情報を提供してくれる。

脳研究に役立つ神経画像処理

　ボストン・グループのディスレクシアの脳の研究から、40年近く経とうとしている。この間に、生きている人の脳を調べる技術が発展し、いまも進歩し続けている。脳の構造と働きを細部まで画像化することも可能で、そのおかげで、文字を読む際に働く脳の領域の理解も進んだ。現在利用できる脳の画像化技術には次のようなものがある。MRI（核磁気共鳴画像法）は、灰白質（神経細胞）と白質（神経線維）の分布で脳の構造を調べる。DTI（拡散テンソル画像）は、（神経細胞同士をつないで活性化させる神経線維の走行をもとに）脳細胞同士のつながりを調べる。fMRI（機能的磁気共鳴画像法）は、情報処理中の脳の活動を、「活発な」神経細胞の代謝が上がることによる血流の変化によって推定する。そして、MEG（脳磁図）とEEG（脳波）は、脳の電気的活動を記録する。ここでは、脳の機能に的を絞って考察を進めたい。ディスレクシアの脳とそうでない脳との構造の違いについては、遺体の脳を用いた初期の研究による仮説と同様に、左脳の言語領域に認められるというだけにとどめておく。

　脳機能の画像化のメカニズムは、いたってシンプルだ。認知を要する課題の処理が求められると、脳への血流が増加し、課題解決に必要な酸素が供給される（運動すると筋肉への血流が増すようなもの）。文字を読むといった課題を与えられているときに、どの部分の血流量と血中酸素レベルが変化しているかを見て、脳のどの領域が活動しているかを調べるわけだ。MEGやEEGを使えば、その課題を処理するのに要した時間まで（ミリ秒単位で）測定できる。

　最も早い時期に、ディスレクシアを調べるために使われた脳画像
検査技術は、PET（ポジトロン断層法）と呼ばれるもので、検査は
成人だけを対象に行われていた。いくつか行われた検査はいずれも、
ディスレクシアのある人とそうでない人とでは、言語処理に関わる
左脳部に違いが生じるのを認めた。そうした検査の中で、パウレス
（Paulesu）らは、音韻処理に関わる部位と、単語認識に関わる部位
とに「断絶」があるかもしれないと報告している。とはいえ、無理
からぬことだが、こうした先駆的研究にはおのずから限界もあった。
ディスレクシアのある人の脳を、「正常な」読み書きができる人の
脳を対照において調べたという意味では実験要素を備えていたけれ
ども、文字を読むときに正常に働く脳がどういう動きを見せるのか、
どのように発達するのかについて、ほとんど知見を持たないままに
比較せざるを得なかったのである。

　ベネット（Bennett）とサリー・シェイウィッツ（Sally Shaywitz）、
ケン・ピュー（Ken Pugh）らのチームによるコネチカット州での研
究やその他の研究によって、読みに関わる脳領域の「典型」例につ
いて多くのことがわかってきており、今ではディスレクシアの脳に
見られる違いを解釈することができるようになってきた。

読むための脳のネットワーク

　読むという行為は、目で見た文字の並びを音と意味に変換するこ
とだ。これには主に三つのシステムがかかわっている（図19参照）。
ひとつめは脳の後背部で、ここでは側頭と頭頂の一部が単語の音韻
コードの組み立てに重要な役目を担っていると思われる。二つ目は

「単語形体領域」と呼ばれ、単語の認識（解読ではなく）に重要な役割を果たしていると考えられている。これもまた側頭部にあるが、視覚野と重なるところである。三つ目が前頭部で、ここにも活性化する部位があり、この部分（下前頭回）は発語の生成に関与し、音読している時だけでなく、黙読しているときにも活発になっている。

　図 19 を見ると、読むための脳は、脳のもともとの構造に「寄生」していることをあらためて思い知らされる。本来、発語生成、言語理解、視覚といった別の機能のために進化した脳に、読むための機能が乗っかったのだ。これを「神経細胞リサイクル neuronal recycling」という仮説で呼ぶ研究者もいる。

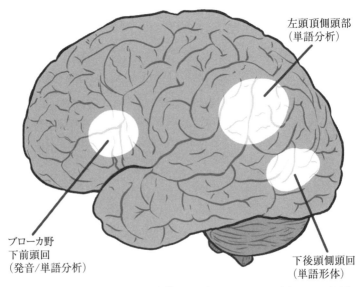

左頭頂側頭部
（単語分析）

ブローカ野
下前頭回
（発音／単語分析）

下後頭側頭回
（単語形体）

図 19　読むことに主に関わる脳の部位、シェイウィッツ＆シェイウィッツ（2008）より

ディスレクシアの脳

　ディスレクシアの脳画像研究に目を向けてみると、読むときに活
性化する脳後部のふたつの「ホットスポット」が、ディスレクシア
のある人はそうでない人に比べてあまり活性しないことは、おおむ
ね見解が一致している。（図20参照）

　さらに、このネットワークの異常と関係があるかもしれないのは、
活性化部位が脳のほかの部分、例えば前頭部に移っていることだ。
ディスレクシアのある人の場合、主として左脳を働かせるディスレ
クシアのない読み手と比較すると、右脳の一部も使われている。こ
のように右脳での活動が活発になっているのは、解読という困難に
直面したディスレクシアのある読み手が、代償機構を働かせている
ことを反映しているのかもしれない。

　「コネチカット縦断研究 Connecticut Longitudinal Study」では、

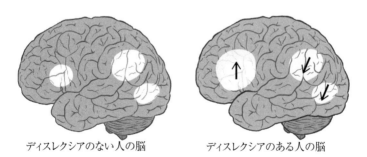

ディスレクシアのない人の脳　　　　ディスレクシアのある人の脳

図20　文字を読むときに活性化する部分を白く表した図。左が一般の人、右がディ
スレクシアのある人。ディスレクシアのある人の脳は、前頭部が活性化し、後頭部
はあまり活発でない。

ディスレクシアの診断を受けた18歳から22歳の人たちをふたつの
グループに分け、脳の活動の様子を調べている。グループのひとつ
「読み困難持続グループ（the persistent poor readers）」は学校教育
の間ずっと読みの困難を抱え続けた人たちで、もう一方の「読み困
難改善グループ（the compensated readers）」（流暢とは言えないが正
確に読むことができる）は、9年生か10年生（日本での中学校高学年
程度）時点で、すでにディスレクシアの診断基準からは外れた人た
ちである。非単語読み上げ課題では、どちらのグループも、ディス
レクシア履歴のない人に比べ、読みに関わる左脳後頭部の活動が弱
かった。だが読み困難改善グループの人たちは、持続グループと対
照群よりも、右脳前頭部が活発に働いていた。つまり改善グループ
の人たちは、代償的な神経システムを用いることで非単語の読解を
行っていることが示唆される。

　ふたつの「読み困難グループ」は、単語を読む課題でも検査結果
が分かれた。直観的には違和感があるかもしれないが、困難持続グ
ループの後頭部の活動は対照群と同程度だった。だがさらに検査を
進めると、持続グループと対照群とでは、後頭部と別の部位の連結
の仕方が違っていることが判明した。持続グループの人たちは単語
を丸ごと読もうとして記憶のネットワークを駆使するのに対し、読
みに困難のない対照群の人たちは、単語を分析的に同定する方略を
使っていたように思われる。

　研究に先立って収集された被験者の行動や人物特性が、考察の材
料になる。読み困難改善グループはおしなべて持続グループより
IQが高く、恵まれた学校に通っていた。彼らが、通常のレベルの
読みの正確性を達成できた理由としては、ほかの困難をほとんど併

発していないことも考えらえる——したがってIQも高く出る——
し、より適切な教育を受けられたおかげかもしれない。脳検査の結
果からは、ふたつのグループの人たちが異なる発達軌跡をたどった
ことが窺える。残った問題は、その発達軌跡がどの程度までもって
生まれた脳の構造の違いにより決定づけられたのか、あるいは、脳
の処理の違いがどの程度まで二つのグループの読みの習熟度の違い
の程度を反映したものなのか、という点だ。

ディスレクシアの脳は、言語によらず同じなのか

　読みの難しさが言語によって異なることを思えば、読みの処理に
使われる脳の部位も言語によって異なるのかもしれないという発想
が出てきてもおかしくない。英語に習熟するにはほかのアルファ
ベット言語を習得するよりも時間がかかる。それは「school」「sign」
「broad」のように、音韻と文字が不規則に対応する組み合わせが
多いからだ。ドイツ語やスペイン語などはずっと規則的で、読むこ
とに限って言えば、音韻と文字の対応規則はほぼ一貫している（第
2章参照）。

　こうした違いにも関わらず、従来の研究においては、ディスレク
シアには多言語にまたがる「生物学的統一性」があるとされている。
英語、フランス語、イタリア語を母語とするディスレクシアのある
大学生の比較調査をしたところ、脳の活動に言語による差は出な
かった。ただし、読み上げの速度は言語によって差が出て、イタリ
ア語学生のほうが、フランス語、英語学生より速かった。

　この多言語にわたるディスレクシア研究で検査を受けた学生たち

は、脳の後ろ側、左側頭葉と左後頭葉の広範囲に活動の弱さが認められたが、これは他の研究で何度も再現された結果と合致している。ただ、過活動になっている部位がほかにあることは実証されなかった。この研究に続くいくつかの調査も「生物学的統一性」を追認しているが、同時に、言語に特有のディスレクシアの「神経兆候 (neural signature)」とでもいうべきものも認められている。

英語圏の画像研究 14 件と、規則的な正書法の言語（オランダ語、ドイツ語、イタリア語、スウェーデン語）圏の画像研究 14 件をメタ分析したところ、単語形体領域を含む左脳の活動が弱いことは普遍的に認められた。一方で、英語と他の規則的な諸言語の間には、活動が活発になる部位とその範囲、活動が不活発である部位とその範囲に違いが見られたのである。おそらくこれは、正書法の違いと、それによって生じる単語解読の難しさの違いから当然予測される言語間の差異ということになるだろう。

では、正書法ががらりと異なる中国語の場合はどうだろうか。視覚的に複雑な中国語の文字は音節と対応し、アルファベット書記体系における文字に比べ、意味（形態素）との関連が強い。13 歳から 16 歳の、英語または中国語どちらかのみを使う被験者に、意味と単語（や図）とを一致させる課題をしてもらい、その間の脳の活動の画像を比較する調査を行ったところ、興味深いことがわかった。読んでいる間、ディスレクシアのない中国語の被験者は英語被験者よりも前頭部が活性化し、英語被験者は後頭側頭部がより活性化していたのだ。

こうした違いが生じる理由として最も考えられるのは、中国語では記号と単語の発音が直接に対応するのに対し、英語では音韻コー

ドを経由するということだ。さらに混乱させるのは、ディスレクシアのある被験者には、中国語特有の前頭部の活動も、英語特有の後頭部の活動も、とりたてて見られなかったことだ。研究者たちは、正書法に特異的な読みの方略は、文化に応じて決定されるものの、読みに習熟していない場合、明白にはならないと結論している。言い換えると、読むことを習得することで、学んでいる言語に適応するために脳の神経ネットワークが洗練されるが、ディスレクシアの場合は、言語に関わらず、そうでない人と同程度には洗練されないということだ。

読み書きは脳を変えるのか

　「ディスレクシア」脳と「ディスレクシアでない」脳を比較する研究は、読み書きの障害としてのディスレクシアの生物学的原因を見つけたいという熱意によって進められてきた。ところが、多言語にまたがる調査によってわかってきたように、読み書きが脳を変えてしまうかもしれない、という問題が出てきた。

　ここまでは、読みの習熟による脳の活動の機能的変化に注目してきた。だが、脳の活動が認知処理の違いを反映しているだけだとすれば、ここからは読むことの訓練が脳の構造に与える影響に目を向けなければならない。

　学習はあらゆる面で、脳の構造を変える。「脳の構造」という場合、ここでは神経細胞の密度と神経細胞が相互に結合（配線）する数と長さを言っている。定型的な発達の過程では、読み書きの習得の結果として起こる脳の構造の変化は、それ以外の、例えば成熟や

社会化の結果として起こる変化とまず区別できない。だが稀に、成人になってから読み書きを習得した人が、すでに成熟した脳における、読み書きによる構造変化の実例を提供してくれることがある。

　ちょうどそのような機会が訪れた。コロンビアで、学校教育を受けられないまま長年兵役についていた人々が復員し、識字教育を提供されることになったのだ。これは、20代で読み書きできるようになったグループ（成人後識字者）と読み書きできないグループ、さらに子ども時代に読み書き教育を受けているスペイン語話者のグループを比較研究する好機だった。研究チームはVBM（Voxel Based Morphometry）と呼ばれる脳体積解析の手法を用い、それぞれのグループの脳の構造の違いを比較した。

　まず、読みのネットワークのある後頭部の言語野を調べたところ、成人後識字グループの脳には、同年代の読み書きできないグループの脳より灰白質が増えていた。次に、左右の大脳半球をつなぐ脳梁との結合の増強を示すような白質の増加も認めた。こうした変化はそれ以前にも、読む学習をしている子どもの脳でも観察されている。右脳と左脳の結合が促進されていることははっきりしているが、その役割を理解するためにはさらなる研究が待たれる。ただ明らかなのは、この変化が読み書きの「結果として」現れていることで、読み書きが発達するための必要条件ではないということだ。

脳画像からディスレクシアは予測できるか

　脳画像は、個々人の読みの発達の違いをあらかじめ予測する手掛かりになるだろうか。原因と結果を解きほぐすことの難しさを、い

まや脳画像法を用いようとする研究者の多くがよくよく認識しているとはいえ、一部の子どもがほかの子よりやすやすと読めるようになるのは脳の構造の違いによるものなのかどうか、という問題にはなおそそられるものがある。

　それを確かめる方法のひとつが、ディスレクシアのある子どもと、読みの習熟度が同程度にある年少の子どもとを比較することだ。この方法を使えば、読む行為の負荷が同等になるので、脳に何らかの違いが見られたらそれはディスレクシアのためだと考えられる。もうひとつの方法は、縦断研究の手法を使って、読みの習熟の個人差を予測するうえで、脳のさまざまな計測値のいずれが重要な因子であったかを調べることだ。アメリカ合衆国でフミコ・ヘフト（Fumiko Hoeft）が行った研究プログラムは、このふたつのアプローチを基軸に実施された。

　ひとつめのアプローチを使った調査では、ディスレクシアの子どもと、ディスレクシアがなく、属性の異なるふたつのグループの子どもたちの脳での言語処理が比較された。ふたつのグループのうちひとつは同じ年齢（同一年齢対照群）で、もうひとつはディスレクシアのある子どもと同じ程度の習熟度（同一読み能力対照群）である。被験者である子どもたちはスキャナーに入り、ふたつの単語が韻を踏んでいるかを判断し、ボタンを押して回答する（押韻課題、例えば boat と coat は韻を踏んでいる。warm と harm は踏んでいない）。

　この課題に取り組んでいる間、ディスレクシアのある子どもは、両方の対照群に比べ、左脳後頭部とそのほか五つの部位の活動が弱かった。さらにわかったのは、後頭部の活動が、標準化された読字テストの成績と相関していることだった。これは、読字にとって重

要なこれらの部位の活動が、読みの技能が習熟するにつれて発達的に変化するという仮説を裏付けている。だが、ディスレクシアのある子どものこれらの部位の活動は、読みの習熟が同程度である年少の子どもたち（同一読み能力対照群）よりもさらに弱かったので、脳の活動の不活発さは、単に読みのレベルだけを反映しているわけではないと言えそうだ。むしろ、ディスレクシアのある子どもが、読みを習得するうえで「異なる」発達軌跡にあることを示唆しているのではないだろうか。

　次なる段階は、fMRIでディスレクシアのある子どもでは活動が不活発と判明した脳の部位の構造を、実験群とふたつの対照群とで調べてみることだ。関心領域のもう一つは、ディスレクシアでは過活動になると考えられる前頭皮質だ。構造の比較が重要なのは、脳の構造の違いが脳の活性化のパターンに結びつくからだ。結果は、驚くほど機能画像の結果を補完するものになった。ディスレクシアのある子どもたちは、どちらの対照群と比べても通常活動の弱さを示す言語処理に関わる部位で、灰白質の量が小さくなっていたのだ（図21参照）。

　ただし、ディスレクシアのある子どもが通常過活動を示す前頭部の灰白質の量は、同一年齢の子どもに比べると有意な差があったものの、同一読み能力の子どもたちとの差はほとんどなかった。このことから、過活動はディスレクシアそのものが引き起こしているというよりも、読みの習熟度から来ているものと考えられる。

　つまり、前頭部の活動が活発になっている状態は、単語の解読に苦労するとき、脳が読むことを少しでも助けようとして働いていることの現れだろうということだ。こうした結果は、ディスレクシア

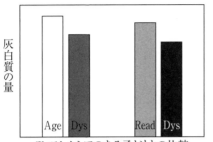

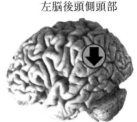

左脳後頭側頭部

図21　棒グラフは、同一年齢対照群、同一読み能力対照群に比べ、ディスレクシアのある群では灰白質の量が著しく少ないことを示している。

の人が抱える読み習得の困難の生物学的根拠が、音韻貯蔵と文字と音の対応に関わる左脳領域にあるらしいと見極めるための、重要なステップになる。

　研究チームはさらに、より盤石な縦断研究の手法を使って、将来の読み能力を予測するうえで、左脳と右脳のシステムがどのような役割を果たしているのかを調べた。ディスレクシアのある子どもとない子どもを2年半にわたって追跡し、読みの発達を予測することを目的に、行動と脳の機能や構造の評価を行ったのである。研究開始時、先に説明したような単語の押韻課題に取り組む子どもたちの脳をスキャンする。そして、関心領域の脳の活動と構造を特定するために、脳画像を分析する。行動面では、読み能力の伸びを予測できる要素はなかった。しかし脳の構造と機能からは、その後の読み能力の伸びを予測させるものが見つかった。ただし、それはディスレクシアのある子どもたちに関してのみであった。

　関与していたのは、左脳と右脳の前頭部の活動と、これも左右両

方の脳にある、弓状束という神経線維の束である。弓状束は、前頭
部と側頭頭頂接合部の「ホットスポット」とを結ぶ「側頭葉の経
路」だ（図22A参照）。新たに発見されたのは、ディスレクシアの
ある子どものうち、最もよく読みが伸びた子は、最初の撮像（ベー
スライン）において、右脳の前頭皮質の活動が活発だったこと（図
22B参照）と、右弓状束の白質が大きかったことだ（図22C参照）。

　この問題を追究するために、研究チームは5から6歳の子ども
の脳の構造の発達を調べた。特に注目したのは、弓状束と呼ばれ
る「側頭葉経路」である。被験者となった子どもたちは、幼稚園時
に読み書き学習が始まる前の認知能力の判定を受けており、さらに
小学校3年時に読みの習熟の判定を受けた。小学校3年時の読み能
力の個人差の56％までは、読み書き教育を受ける前の検査結果と
脳の構造の経年変化の両方によって説明できることがわかった。し
かも、最も大きく影響していたのは、側頭葉経路の白質の密度だっ

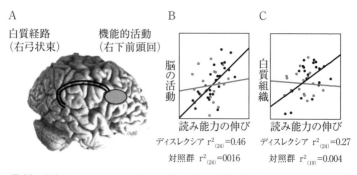

図22　(A)ディスレクシアのある子どもの読みの習熟に関わると思われる、右の下
前頭回と右の弓状束の白質組織。(B)のグラフでは、右の下前頭回の活動と読み能
力の伸びの関係が、(C)のグラフでは、読み能力の伸びと右の弓状束の白質の集ま
りが示されている。どちらも黒がディスレクシア、灰色が対照群を示す。

た。簡単に言うと、前頭部と側頭頭頂接合部とをつなぐ側頭葉経路の成長が読みの習熟における個人差を分けていることが、この研究で示されたということだ。しかもこの結果は、幼稚園期の読み書き能力や、社会経済的要因などの個人の背景、HLE、血縁者のディスレクシアといった変数を調整したうえで得られたものである。研究チームは、側頭葉経路の神経線維の成長は、音韻処理や単語学習に使われる脳領域の可塑性のマーカーとみなすことができると考えている。この可塑性が、遺伝的な影響を受けていることは充分に考えられる。

ディスレクシア・リスクの生物マーカーになるか？

　ディスレクシアの脳研究の最大の意義は、ディスレクシアの危険因子をもつ子どもの脳が、読み書き指導の始まる以前の就学前の段階で何らかの特徴を示しているかどうかを解明することにある。危険因子がある子どもたちのうちでも、特にディスレクシアになる可能性の高い子を見分けられるような脳の特徴はあるのだろうか。わたしたちはまだ、こうした問いの答えからは程遠い場所にいる。けれども、前進は続いている。

　近年発達のごく早い段階での認知処理の研究に、盛んに脳波（EEG）が使われるようになっている。ここまで取り上げてきた研究手法とはかなり趣を異にしているが、特に乳幼児の判定には向いているし、眠っている赤ん坊の脳だって検査できてしまう！　子どもの頭に電極をつけ、異なる種類の刺激に対して脳が反応する時間を記録していく。何回もの試行を総計したデータが、刺激の特徴に

124

対する子どもの感度ということになる。これは事象関連電位(event-related potentials：ERPs)と呼ばれ、例えば、読むことに必要とされる認知処理のさまざまな段階の時間的な情報についての感度の高い測定法である。

先駆的な研究では、新生児に人間の発する言葉やそうでない音を、ランダムに聞かせた時の脳の反応が記録された。そこで蓄積されたデータから、8年後のその子たちの読みの習熟の度合いが推定できるものであったかどうかが調べられた。8年後の子どもたちは三つのグループに分かれた。読むのに不自由のないグループが24人、17人がディスレクシア、知能の遅れを伴って読むのに困難のある子どもが7人であった。新生児の時のデータによる分類は、8歳時の分類と81.25％合致し、ディスレクシアのある子どもは76.5％が的確に分類された。

ディスレクシアの家系的リスクがある子どもを対象とした、同様の縦断研究が、フィンランドのユヴァスキュラとオランダで行われた。ふたつの研究から興味深いことがわかった。危険因子の「ある」幼児および未就学児と、危険因子の「ない」幼児および未就学児の間に、聴覚と音声知覚の差が認められただけでなく、そうした知覚の測定値と、成長後の音韻意識、読み能力、書き能力との間に、弱い相関があったと報告されたのだ。ただし対象人数が少なく、新生児期の反応が後年のディスレクシアを予測できるかどうか、確言できるだけの例証はまだ足りない。

被験者の新生児が成長して読み書きを習い始める時期には、読みの習得と脳の言語野の構造とに関係があること、また、ディスレクシアの家系的リスクのある子どもと対照群との間に差がみられるこ

とが指摘されている。特にふたつの発見が目を引く。一つ目は、家系的リスクのある子どもでは、左脳の読みに関わる領域の皮質が薄く、一方ディスレクシアに関わると考えられる右脳の皮質表面が厚くなっていたことだ。二つ目は、父方にディスレクシアがあった場合より、母方にあった場合のほうが、左脳の言語処理に関わる領域の灰白質の減少がみられたものの、白質の密度には差がなかったことである。母方の読みの困難が深刻なほど、皮質表面は薄くなる。

　この発見の意味を確定するにはさらなる研究が必要なことは言うまでもない。だが、ディスレクシアの家系的リスクのある子どもの脳の研究成果から導かれる仮説は非常に興味深い。脳の構造は、読みの習得に及ぼす遺伝子の影響を反映しているのかもしれず、そこにディスレクシアの兆候を見つけられるかもしれない。

第6章　ディスレクシアには何が有効か

　親たちが知りたいこと、ディスレクシアのある大人が訊きたいことは「ディスレクシアをどうしたらいいか」だ。ネットには「治療法」があふれているが、ディスレクシアのある人やその家族にとっては、百害あって……だ。ディスレクシアに「特効薬」はないし、治るということもない。ディスレクシアは生涯付き合っていく状態だ。とはいえ、読み書きの困難を改善する支援策はあるし、ディスレクシアに付随する問題のいくらかは回避する手段もある。加えて早くから支援をすれば、充分な読み書き能力を身につけられる方向に、子どもの発達を促すこともできる。

　何が有効か助言するには、エビデンスに基づく必要がある。「エビデンスに基づく」支援とは、しっかりした評価基準で効果的であると認められた手法のことだ。それはおおむね、原因論を参考に組み立てられたプログラムである。結局のところ、問題を生じさせている原因が「何」かを知れば、改善するために必要な「何」かがわかるからだ。ディスレクシアの支援は、読むことの困難を生じさせている足りない何かを改善する方向を目指すべきだろう。残念ながら、ディスレクシア支援策のすべてが、エビデンスに基づいているとは言い難い。

ディスレクシアは診断された時が始まり？

　政府は特定的な支援に資源を投じたがるものであり、単語解読の上達にはフォニックス指導が最良の道であるのは大勢の一致しているところだが、通常学級の読み書き教育には、種々の要素をバランスよく取り混ぜたやり方も必要だ。子どもが流暢に読めるようになるために求められるさまざまな要素を考えるうえでヒントになる枠組みを、図23に示した。

　どんな問題であれ、支援の第一歩は、本人の抱えている困難を見定めることだ。特にディスレクシアの危険因子のある子どもの場合、読み指導の早い段階から進歩（プログレス）を見守り、できるだけ早期に介入することが肝心だ。ディスレクシアであるという正式な診断を待つ必要はない。専門家の診断があるまで介入を遅らせようとするのは、発達の妨げにしかならない。苦労している子どもがいたらできる限り早く手を差し伸べるのが道理だ。そうすることで、挫折と苦悩の負のスパイラルに落ち込むのを避けることができる。

　学校現場では、ディスレクシアのスクリーニングが一般的になっている。良心的な学校は、ディスレクシアの危険因子がある子どもの特定に全力を尽くそうとする。だが、定型の検査様式を使うしか方法がないと思い込むのは間違いだ。一度だけの検査やスクリーニングでは、困難のある子どもを過剰に同定してしまう危険があり、資源の無駄遣いになる。

　わたしたちのウェルカム・ランゲッジ・アンド・リーディング・プロジェクトでは、就学前の段階で、ある子どもにディスレクシア

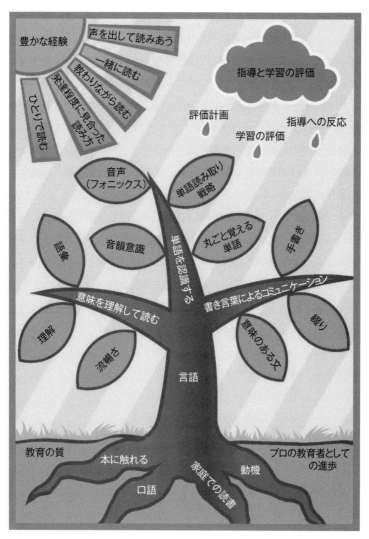

図23　さまざまな要素をバランスよく取り入れることで、読み書きの発達を促す

があるかどうかを判断する最も的確な材料は「家系的リスク」であることを示した。家族の誰かにディスレクシアがあるとしたら、子どもがディスレクシアになる可能性は高くなり、低年齢ではその的中率は定型の判定指標より優れている。入学後はまた状況が変わる。5歳時では、その子の文字知識、音素意識、ラピッドネーミングの成績（いわゆる三つの土台）から、ディスレクシアになりそうかどうかをかなり的確に判断できる。とはいえこの時点でも、子どもの困難が持続する可能性を見るうえで、家系的リスクが指標となることに変わりはない。

　ディスレクシアは、単語の解読と綴りの習得に限定した障害である。そこで、読んだり書いたりすることに困難を示す子どもがいたら、ディスレクシアを疑っていい。自分が担当する学級で、年齢相応に読み書きを身につけていかない児童が誰だかわかっていない教員は、まずめったにいない。個人的には、子どもたちの読み書きの習熟を目の当たりにしてきた自身の経験に照らして、ディスレクシアかもしれないと思われる子どもを特定する権限を教員に与える必要があると考える。

普通学級でのスクリーニング

　数年前、英国政府は小学校入学時に、すべての児童に体系的なフォニックス教育をする政策を導入した。導入後の2012年、1年生の終了時（まる2年読み指導を受けている）にフォニックス・スクリーニングチェックが行われることになった。チェックでは20の単語と20の非単語を声を出して読み、達成基準に照らして個々人

の習熟度がつけられることになっていた。

　たまたま全国で一斉にチェックが実施されるのと時期を同じくして、わたしたちリテラシー・コンサルタント（Literacy Consultant）がヨーク地方の1年生担当教員全員に、フォニックス教育において児童の進歩をきめ細かに見守り、記録するための訓練を提供した。そのおかげで、ヨークではすべての学校の全児童について、教員がつけたフォニックスの進捗度と、政府スクリーニングの結果とを比較することが可能になった。これはスクリーニングチェックと教員の見立てとを比較する絶好の機会となった。

　結果は非常に有益だった。政府のスクリーニングチェックの成績は、わたしたちが行った標準的な読みのテストの成績と強く相関し、測定の妥当性を裏付けてくれた。最も興味深かったのは、スクリーニングチェックの成績が、標準的な読みテストの成績から予測されたのと同じぐらい、教員の観察から予測できていたことだ。これは、研究に参加してくれた教員たちにわたしたちが提供した訓練が充分浸透したこと、児童の進捗を判定するための基準の使い方が適切に伝わったことを物語る。教員たちが用いた尺度は、読み指導のローズ・レヴュー（第7章参照）で推挙されている「文字と音」教材（ボックス1参照）の一部である。適切な支援があれば、教員は、自分の教室で音韻スキルを身につけるのに時間がかかり、したがってディスレクシアが疑われる子どもを自信をもって特定することができるのだ。

ボックス1　英国読み書き教育課程における児童の習熟を判定するための教員用基準

文字と音の確認

1　周辺の音や音素を聞き分けられる。脚韻、頭韻に気づくことができる。音を口頭で合成したり分解したりできる。

2-ⅰ　六つの書記素─音素対応（GPE）を知っている。基本的な音韻構造（母音と子音、子音─母音─子音のつながり）の単語を分解したり合成したりできる。「captions」の文字を分解したり合成したりできる[1]。

2-ⅱ　19のGPEを知っている。前項同様の分解や合成ができる。不規則な単語をいくつか知っている。

3　42の音素が表す音を一つは知っている。一つ以上の文字からなる書記素を含むCVC語、2音節からなる単語、「captions」を分解したり合成したりできる。不規則な単語を読み書きできる。

4　隣り合う子音（sp、st.など）を合わせ、初めて見る文章を読む際に応用できる。隣り合う子音を区別し、書くときに応用できる。

5　書記素の別の綴り方や発音の仕方を知っている。合成したり分解したりできる。フォニックス規則を利用して複雑な単語の書き方を試行できる。

6　文章中で初めて見る単語を読む際に、フォニックスの知識を応用しながら流暢に読むことができる。さらに多くの複雑な構造の単語を、接頭辞や接尾辞の規則を使いながら認識し、綴ることができる。

英国教育省「文字と音のガイダンス2007」より引用。

Source: Department for Education, *Guidance Letters and sounds*, 2007. Contains public sector information licensed under the Open Government Licence v3.0.

支援の階層

　ローズ・レヴューではディスレクシアについて、三階層からなる支援を提唱している（図 24 参照）。

　第一階層は、通常学級で行われる指導で、言語発達を重視する教育課程のもとで行われる、構造化されたフォニックス指導である。入学前にほかの児童と比べて読み書きのベースができていない子どもにも、出発点としてはこれで充分であると考えられる。第二階層は読み書きに苦労し、ほかの子から遅れていく子どもが対象である。通常は少人数編成で行い、追加的な読み書き支援を通常学級の履修

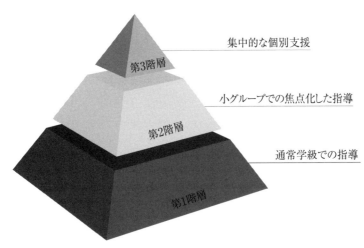

集中的な個別支援

小グループでの焦点化した指導

通常学級での指導

図 24　「支援への反応」アプローチにおける支援の階層

訳注（1）　captions のそれぞれの文字を組み合わせて単語を作る。cap、cat、spin など全部で 295 語できる。

課程に沿いながら6週間にわたって集中的に指導して、遅れを埋め、新たに習得した技能を補強する。この段階を経ても習熟の度合が依然としてゆっくりな子どもには、困難の要因を突き止めるための総合的な判定をするとともに、第三階層に進む。

冒頭に紹介したボビーは、この段階での特別な手立てを必要とする子どもの例だ。すでに「補習」を受けていたがさしたる効果はなく、やる気のなさを示し始めていることから、介入が急がれる。幼児期、おしゃべりを始めるのが遅かった経緯があるので、ボビーの言語能力に関しては広い視点で判定する必要がある。ディスレクシアのある子どもの40％に話し言葉に影響を与える発達的障害があり、ボビーもそうである可能性があるからだ。

支援への反応

ここでいう判定は、ディスレクシアの動的評価（dynamic assessment）の一部である「支援（介入）への反応」アプローチ（Response to intervention：RTI）を使うものだ。RTIは複数の段階からなる。まずは全ての子どもを対象とするスクリーニング。次に確実な方法を用いて（一般にフォニックスを用いる）適切な学習機会を提供する。3番目が支援の段階である。最後に満足な進歩（ここでは「追いついてきている」かどうかを見ること）が得られているかどうか、継続してモニタリング（monitoring）する。しかしながら、困難がより深刻な子どもにも、これだけの過程を踏ませるべきかという議論もある。ともあれ、子どもが充分に配慮された支援にも反応しないとすれば、さらに総合的な評価が必要になるかもしれない。評価には、

ボックス2　ディスレクシア評価のためのガイドライン

ディスレクシア評価のガイドライン

支援の第三階層に移るまえに、総合的な評価をすること

AからCまでの検査は必須。D、Eの検査は任意。

評価とモニタリングを開始した早い段階では、支援（介入）への反応を見定めるために、A（読み）群からひとつとB（綴り）群からひとつのテストを6か月ごとに行うことができる（RTIアプローチによっては、特定の検査を推奨しているものもある）。

A：読みの力を総合的に評価する
・文字の知識（必要に応じ、名前と音）
・単語の読み——読みの正確さを評価する
・非単語の読み——解読の力を評価する
・制限時間内に単語と非単語を読む——読みの速さを評価する
・読解——散文の読みの正確さと流暢性、内容を理解できるかを評価する

B：綴りと書きも評価に含む
・単語を綴る正確さを評価する
・自由作文——綴りの正確さ、文法や句読点を正しく使えるか、書くことの流暢性を評価する
・手書き文——書きの速さと文字の形を評価する

C：音韻能力
・音韻意識——単語の音韻構造を分解したり操作したりする能力を評価する
・ラピッドネーミング——口語処理のスピードを評価する
・非単語反復または言語性短期記憶——音韻記憶能力を評価する

D：全般的認知能力
ディスレクシアの定義にIQは使用しないが、全般的な認知能力の検査結果がその子どもないし大人の困難の性質を判断するカギになることもある。
・語彙が乏しい場合は、言語能力全般の評価が必要になるかもしれない
・視空間能力が乏しい場合は、運動能力の評価が必要になるかもしれない

E：数字の能力
ディスレクシアのある子どもには、算数障害が併存する場合が多いため、算数のスクリーニングが推奨される

136

充分に標準化された単語の読み、単語の綴り、文字の知識、音韻意識の測定が含まれていることが望まれる（ボックス2）。この評価結果をベースラインとして、その後の進歩をモニタリングしていく。

ディスレクシア治療の方法

　長い間、教育現場では、ディスレクシアのある子どもへの指導は、ディスレクシアはなく読みを苦手とする子どもへの指導とは違ったやり方をしなければならないという仮定に基づいて行われていた。オートン＝ギリンガム＝スティルマン法（図25参照）に想を得て、英国はじめ各国で、構造的治療プログラムが開発された。例

図25　1979年、オートン＝ギリンガム＝スティルマン法を使ってディスレクシアのある子どもを指導する著者

えばホーンズビー（Hornsby）とシアー（Shear）によるアルファ・トゥ・オメガ（Alpha to Omega）、ヒッキー・アプローチ（Hickey Approach）、バンゴー・ディスレクシア指導法（Bangor Dyslexia Teaching System.）などだ。

　ディスレクシア対応を専門とする多くの教員集団が、こうした指導法を身につけ、通常1対1あるいは1対2で指導を行って、多くの子ども（また大人）が、恩恵を受けた。いずれも理論的基盤はしっかりしていて、高度に構造化され、体系的で多感覚を用いて、記憶や学習を妨げているディスレクシアの困難を回避することを目指している。わたし自身、英国のディスレクシア問題の先駆者のひとり、ビーヴ・ホーンズビー（Beve Hornsby）に指導を受け、こうした治療法を使っていた。ケチをつける意図は毛頭ないが、指導法が有効であるとしても、明確な証拠がないために、なぜ有効だったのかはわからない。例えば、構造化が役に立ったのか、それとも五感を活用することが功を奏したのか。それとも、指導者の腕がよかったのか（実際、こうした指導法を使う教員はいずれも優秀だった）。ディスレクシアをよく理解し、学習者に合わせて臨機応変に指導できる人から1対1で教われば、それだけで充分助けになることは間違いない。

　「何が有効か」の問いに答えるためには、指導を受けるグループと一般的な読み書き指導に留まるグループとの比較調査が必要だ。

ランダム化比較試験

　支援効果を測る王道は、ランダム化比較試験（RCT）だ。理想を

言えば、ディスレクシアの状態をやわらげるための支援法は、すべからくRCTで評定されてほしい。「ランダム化」というのは、特定の支援を受けるのか、「通常の指導」を受けるのか、被験者の振り分けを「無作為に」行うからだ。「比較」されるのは、支援を受けたグループと受けていない「通常指導」のグループで、支援の効果が判定される。RCTは医療の分野ではよく用いられている手法だが、教育分野ではあまり使われてこなかった。だがこれが、新しいプログラムの有効性を判断する唯一公平な方法であることは間違いなく、それはあらゆる子どもの利益になる。

　これまでのところ裏付けが得られている限りでは、ディスレクシア治療に最も有効な方法は、音韻意識と文字の知識、そしてそのふたつをつなげることを狙った総合的な活動があり、さらに解読力を補強し、読みの流暢性を高める訓練を含むものだ。この問題に特効薬はない。支援法の中身は、一般的に効果的とされる読み指導の内容と変わらない。ただしそれはより集中的で、より個別的であり（しかし、少人数グループ指導より、1対1指導のほうが効果的であるという裏付けはない）、通常はディスレクシアの知識がある熟練した実践家によって行われる。こうした指導法が功を奏する決定的要素は練習だ。1にも2にも練習なのだ。

　同僚のピーター・ハッチャー（Peter Hatcher）、チャールズ・ヒューム、アンディ・エリス（Andy Ellis）が、読みの習熟でかなり遅れている7歳児を対象に、3種の支援法と「通常指導」とを比較する先駆的な研究を行った。使用された支援法はそれぞれ、構造的な読み指導、音韻意識の訓練、本を読みながら文脈の中で音韻意識を高める統合的手法で、6か月の間指導を行い、9か月後に追跡

調査を行った。最も効果が高かったのが、3番目の「サウンド・リンケージ（Sound Linkage）」と呼ばれる統合的手法だった。

　サウンド・リンケージ法のやり方はとりたてて珍しいものではなく、その特長は、ディスレクシアのある子どもへの指導の多くで取り入れられている。これを「読みのサンドイッチ」と呼んだりもする。学習は読みに始まり読みに終わる（この読みの部分がサンドイッチのパンの部分）。真ん中の具にあたるのが、音韻意識と文字の知識、音の連結の練習だ。読みの部分はマリー・クレイ（Marie Clay）の「リーディング・リカバリー（Reading Recovery）」を基にしていて、難易度別の本が使われる。

　この手法で肝心なのは、指導者が、学習している子どもの解読レベルにちょうどふさわしい程度の本を選べるよう訓練されているところだ。学習の場では、毎回本が二冊使われる。読む練習のための易しい本と、「指導用」の少し難しい本だ。易しいほうは、子どもが以前——前回の授業などで——読んだことがあり、正確に読むことができるようになっているものでいい。再読することでぱっと見て読める語彙を増やし、流暢に読めるようにしていく。読みの練習は楽しくなければならないので、このやり方が大切なのである。

　「指導用」の本を選ぶには、もっと準備が必要だ。指導者は、レベルごとの本の中から、学習している子どもにとって少しだけ難しい（難しすぎて諦めてしまうレベルではいけない）本を選ぶ。レフ・ヴィゴツキー（Lev Vygotsky）は子どもがもう少しで獲得できそうな能力を指して、「発達の最近接領域（zone of proximal development）」という用語を造った。「少しだけ難しい」というのはそのレベルだ。適切なレベルの指導用の本の中から、短い段落

——だいたい100単語前後——を選び、子どもに読ませながら録音する。授業のあと、指導者は読みの正確度を計算する。狙いは、子どもが比較的間違わずに読める本を探すことで、統計的には94％正確であれば、最近接領域内に収まる。さらに録音を聞いて、その時点で正確に読む妨げになっていることを突き止め、指導のポイントを定める。

　本は次の授業でも読み教材として使われる。指導員は前回見つけた問題のうち、一つか二つのポイントだけに焦点を当てて、子どもが読むのをサポートする。あれもこれも矯正するのではなく、よい読みの方略をさらに補強していく方法が使われるわけだ。指導用の本を充分習得したら、今度はそれが「易しい」本になって、次回以降に使われる。

　この方法がうまくいくには、教室なり、ディスレクシア・センターなりに、レベルごとの本のセットがなければならない。残念ながら書籍はすぐに絶版になるので、指導者は常に新刊に注意を払っておき、必要なら人の手を借りてセットをそろえておくといい。

　サウンド・リンケージ法には、書く課題もある。単語をひとつ書くことに始まり、指導者が指導ポイントと考えた文を穴埋めする問題、完全な文章を書く問題まで、子どもの達成度に応じた段階がある。目的は音素と書記素の結びつきを補強すること、さらに進んだ子どもには、簡単な綴りの規則を覚えてもらうことだ。サウンド・リンケージ法（最近ではReading Intervention [http://www.cumbria. gov.uk/childrensservices/schoolsandlearning/reading/default.asp] と呼ばれることが多い）は、特に読みの学習の初期の段階にある読みの苦手な子どもに有効で、時には習熟速度が倍加することもある。

　だが綴りの改善にはそれほどの効果はない。綴りの習得効果は長続きしない傾向があり、持続させるには芽生え期の書字スキルに、より注意を向ける必要がある。

綴り指導

　綴り指導の効果を判定する比較調査はほとんど行われておらず、得られているデータの大半は、読み指導に伴う綴りの成績の変化だ。だが綴りは読みの添え物ではない。綴りの困難は通常、読みの困難よりずっと長く尾を引き、そこに焦点をあてた支援が必要だ。ディスレクシア支援の現場から言えるのは、正書法のパターンを明示的に指導することが重要なようだ。読みの困難がない人は、単語の中の文字や文字列と音を無意識のうちに対応させられるが、ディスレクシアの場合はそうはいかない。

　何年も前、ウタ・フリス（Uta Frith）が指摘したことだが、読むには手掛かりは一部でいい（正しく読むために文字のすべてをたどる必要はない）が、綴るには全部わかっていないといけない。単語の解読が不完全（ディスレクシアのある子の多くはそうだ）で、読むために文脈に頼っているとすると、単語の一文字一文字の成り立ちにはあまり目が向いていないかもしれない。だが綴るためには、単語の音をすべて書き起こさなければならない。単語を音素に分解するのが苦手であったり、綴り規則になじんでおらず、状況に応じた綴りのパターンがよくわかっていなかったりすると、これは決して容易ではない。

　ディスレクシアのある人に綴りを教えるときは、通常、綴りのパ

ターンを教え、単語を単独で書いたり文章に入れ込んで書いたり、できればその両方をしたりすることで、教わったパターンを身につけさせていくという方法をとる。こうした指導法は非常に体系的で、異なる状況での綴りを取り入れることで、過剰学習をもたらし、綴りはかなり強化される。

ディスレクシアのある子どもはまた、形態素の規則や決まり事を教わるのが役に立つことも多い。動詞の過去形の書き方（-ed をつける）、接頭辞（in- un-）や接尾辞の処理（-ful -tion）、意味の共通する単語を共通の綴りで見つける（heal-health）など。また、ディスレクシアの子は豊かな語源知識を披露して大人を驚かせることがある。こうした書き方のヒントを教えられるのは、大好きなのだ。だがここでも、大事なのは練習だ。綴りを習得するのに、近道はない。

「治療抵抗者」

効果的な支援を考える際の課題のひとつが、「治療抵抗者」と呼ばれたりもする、支援に反応を示さない子どもをどうするかということだ。このような子どもたちのニーズにどうこたえるのが一番いいのか、ほとんどわかっていない。考えられるのは、さらに集中的に支援することだが、それにはお金もかかるわりに、効果のほどが不明だ。

わたしたちが行った調査では、読みの支援であまり効果の上がらなかった子どもたちに、その後一定期間、語彙の課題を追加して同様の指導をしたところ、一部の子どもに改善が認められた。思うにこの子どもたちの習得を妨げていたのは、未判定の言語障害だったのではないだろうか。似たような例として、近年、注意欠陥多動性

障害（ADHD）の子に投薬を含めた治療を行うと、その子にディスレクシアがある場合、読みの習得にも効果が上がったという報告がある。ただし因果関係が解明されているわけではないので、このような支援のやり方を自信をもってお勧めすることはできない。

　全般的に、特に年齢の高い子どもに関しては、どんな支援が有効であるかの実証例が足りない。もっと流暢に読めるように、また単語を綴り、文章を書く力が向上するように促すには何が最良の方法なのか、わかっていることはまだまだわずかだ。

ディスレクシアに効果がないことは何か

　習熟に時間がかかったり、停滞したりすると、時として親は根拠のない治療法に頼ろうとすることがある（図26参照）。親だからといって、インターネットに溢れる事例を検証するのに必要な技能をもっているわけではない。悲しいことに、「神経なんとか」というたわごとで飾られた代替療法やら「治療法」やらを買わされてしまうこともある。「何が有効か」だけでなく、「何が全然役に立たないか！」の情報も絶対に必要だ。

警告を二つ

　ディスレクシアを改善するという触れ込みの治療法すべてに言及するには紙幅が足りない。そこで、近年人気を集めているけれども、ディスレクシアの核心に迫っているとは言い難い手法をいくつか紹介しておく。

図 26　仮説として証明されていない対処法

　まず、ここまでにも述べてきたように、ディスレクシアはほか
の発達性障害と併発することが多い。併存している障害のために、
ディスレクシアのある子どもの学習習得がさらに妨げられている可
能性はある。何らかの手立てで併存している障害の影響を和らげる
ことはできるかもしれないが、中心の障害は変わらない。言い換え
ると、併存する障害への対処が必ず読み書きの改善につながる、と
は考えないほうがいいということだ。

　もうひとつ、ディスレクシアのある子どもは、親が別の手立てを
探し始める頃には、すでにかなりやる気を失っていることが多い。
家族のストレスも相当に高まっているだろう。「プラシーボ効果（実
効性のあるなしに関わらず、患者がこの治療法は効果があると信じるこ
とによって生じるよい結果)」のおかげで、一時的に進捗が見られる
場合もあるかもしれない。だが長い目でみると残念な結果に終わる
ことになりがちだ。ある支援法が充分なデータの裏付けを経ていな
いとしたら、介入には多くの要素がかかわるため、何が、なぜ効果
をあげたのか、知る由もないのだ。

作業記憶訓練

　ディスレクシアの基本的な特徴のひとつが、言語性短期記憶の問
題だ。ディスレクシアのある人は（数秒間程度の）短い間事物を記
憶しておくのが難しいが、だからといって作業記憶がよく働かない
ことと混同してはならない。作業記憶というのは、容量に制限のあ
る「作業空間」に一時的に情報をためて操作する能力で、情報を言
語として記号化する（ここがディスレクシアのある人には難しい）だけ

のものではない。対象的に、ADHD のある人は、言語性短期記憶
に問題がなくとも作業記憶に困難を生じる場合がある。本来、純粋
なディスレクシアだけのある子どもに作業記憶訓練が必要であると
する根拠はない。

　作業記憶訓練は通常、コンピュータを使い、定期的に（ふつうは
毎日）、聴覚と視覚の両方を駆使するゲームを通して、聴覚記憶と
視覚記憶を日々高いレベルへと鍛えていく。近年、作業記憶訓練は
とても流行っている。しかしながら、このような訓練が学業技能に
効果があるかどうかを総合的にメタ分析したところ、訓練された作
業記憶技能の「近い（訓練されたこと自体の）」向上が学習の意味の
ある向上につながったという実証は得られなかった。商業ベースで
は、作業記憶訓練が読みの力を育むというが、その主張には実態が
伴っていない。

聴覚または運動技能訓練

　基本的な知覚と運動機能のどちらかまたは両方を高める訓練プロ
グラムも、ディスレクシアの支援策として提唱されてきた。理屈は、
表に現れている音韻機能の障害の根底に、聴覚や運動機能の障害が
あるだろうというものだ。これまで見てきたように、聴覚の問題が
読みの困難につながるという仮説に強い根拠はない。また、運動機
能を高めれば読みや綴りが上達するという因果関係も考えにくい。

　それでも聴覚機能の訓練プログラムは開発されてきたし、有効か
どうかもわからずコストもかかるのに、親や学校に利用されている
ものもある。聴覚機能訓練は、さまざまな間隔で出てくる音声や声

ではない音を区別し、並べ、記憶する力を伸ばすことを目的に組み立てられている。そうした訓練は聴覚処理を高めるには有効だろうが、ランダム化比較試験の結果、聴覚の処理機能が高まったとしても読み書きの向上には結びつかないことがわかった。

　例えば、聴覚処理の困難を改善するために音響的に修飾された音声を使う Fast For Word© という聴覚機能訓練プログラムを、アカデミック・エンリッチメントと、さらにふたつの言語学習支援プログラムと比較した。ふたつの言語学習支援プログラムのうちひとつはコンピュータを使用し、ひとつは個別化されたプログラムだ。比較試験に参加した子どもたちは全員、試験前とプログラム後で言語処理の成績が上がっていた。だが、修飾音声を使ったプログラムが他に比べて優位だった点はなかった。

　特に驚くにはあたらないが、同様に、運動機能訓練がディスレクシアに有効であるという証拠もない。運動機能訓練には、バランス、手と目の協調、ボールの扱いなどの向上を目的とする活動が含まれる。こうした訓練やそのほか体を動かすプログラムがディスレクシアの根本問題の改善につながる証拠はない。もちろん、ポイントを押さえた活動をすれば、鉛筆を上手に持てるようになって字がきれいになるといった効果はあるだろう。手書きの技能（hand writing skills）がディスレクシアに影響を受けるのはままあることだ。

色付き眼鏡とカバー

　不十分な認知機能の補完を目指すのとは、まったく異なる方向から支援しようというのが、読む際の障害を取り除く支援具の提供だ。

読もうとすると、目が疲れるとか、頭痛がするとかいった不快な視覚症状があるとすれば、その改善策を提供するのは理にかなっている。通常これは、紙やパソコン画面に現れる黒い縞の見え方を和らげることになる。

　何年もの間、ディスレクシアのある人の視覚的ストレスを緩和するのに、色眼鏡を使うのは眉唾ものとされていた。費用もばかにならなかった。現在では、それほどの費用をかけることは不要になった。ずっと安価な代用品ができて、色付きのフィルターを紙面にかぶせるか、パソコン画面で読んでいる際には、背景のコントラストと色を調整すればぎらつきが弱くなる。フィルターのカバーは束の間目を休めてくれるし、ディスレクシアを含むさまざまな症状に使えるが、ディスレクシアに特化したものではない。ただ、（文字を目で追うことではなく）読むこと自体にどれだけ影響しているかは充分な検証がなされておらず、また、色眼鏡で綴りが上達するとは考えにくい。

魚油とサプリメント

　栄養に注目した対処法もある程度支持を得ている。真っ先に思い浮かぶのがオメガ３の魚油で、脳の重さを増やすと言われる脂肪酸を摂取できる。理屈は、こうした不飽和脂肪酸が不足すると脳の機能に影響を与えるので、魚油を補う食事をすれば脳の機能が向上し、読み書きが改善するというものだ。この方法を比較検討した試験結果は非常に少なく、あってもディスレクシアに特化したものではない。一方、特定の製品や添加物を摂取しない方がいい、という説に

も裏付けは特にない。

　強調しておきたいのは、栄養面での介入が功を奏する場所は、行動の変化——この場合は読みの改善——が起こってほしい場所とは大きく離れているということだ。何かしら効果があるとしてもごくわずかだろう（し、改善が見られたとしたら、それはたいてい、同時期に行われた別の支援の結果である）。

答えは早期介入？

　いまでは、ディスレクシアの危険因子について多くのことがわかっている。だとすれば、より早く、より的確に的をしぼった支援策が可能なはずだ。見てきたように、HLE は読み書きへの第一歩に影響を与える。家系的リスクのある就学前の子どもを対象とした支援策の効果評価は、あまり多くは行われていない。主な手法は、音韻意識と文字の知識に働きかけて、単語解読の基礎を強化するような指導を行うことだ。

　こうした支援手法は、語彙や語りといった、話し言葉の技能に働きかけることで補完されるという研究があり、また「対話的音読 dialogic reading」と呼ばれる手法も一定の成功を収めていることが報告されている。対話的音読法では、子どもと大人が「一緒に本を読」み、大人が本の内容について子どもに問いかけることから対話が広がっていく。このようにして、充分に準備のできた状態で入学できたため、その後の経過が期待されたものの、1 年後、2 年後の追跡調査の結果は残念なものだった。「リスク状態」にある子どもがクラスメートたちについていくためには、継続的に支援し続け

る必要のあることを窺わせる結果だったのだ。

　とはいえ、小学校入学時に発語に遅れが見られ、ディスレクシアの危険が高いと考えられる児童に、読み書きの基礎を作るうえで、訓練を受けたティーチング・アシスタントによる早期介入が効果を発揮しているとみられる報告は次々と集まってきている。

　2004年に始まったナフィールド・リーディング・フォア・ランゲッジ・プロジェクト（*Nuffield Reading for Language Project*）において、わたしたちのチームは、学校での読み書き教育の1年目にあたる5歳時に、音韻意識と新規語の読みの技能の指導を行い、その効果を測定した。測定はランダム化比較試験の手法で、子どもたちには「読みと音韻（Reading and Phonology）R＋P」プログラムか、「口頭言語支援（Oral Language（OL）Intervention）」という同じように構造化されたプログラムのどちらかを受けてもらう。R＋Pの内容は、すでに本書でも紹介しているサウンド・リンケージという効果の実証されている手法をベースに、年少児向けに開発されている。主な項目は、文字と音対応、単語の分解と合成、一緒にあるいは単独で音読の三つだ。20週間の間毎日実施され、少人数指導と1対1指導を交互に行っていく。文字と音の対応、単語の分解と合成は4人一組で、音読の指導は個別に行われ、その中で文字と音の関連を強化する課題の時間も設けている。

　口頭言語支援（図27とボックス3参照）は構造や所要時間をできる限りR＋Pに近づけるように作られた。R＋Pと同じティーチング・アシスタントが指導する。20週間にわたって個別指導と少人数指導を交互に行う。指導項目は、語彙、聴いて理解する、語るの三つである。少人数指導は、まず聴く力の指導から始まる。新し

い語彙を導入するには、五感を駆使して（画像を見る、定義を聴く、
その単語を反復する、順番にその単語のいろいろな使われ方をあげてい
く）その単語を知る。加えて、毎回並べたり、聴いたり、話したり
する練習があり、質問するよう促される。

　1対1の指導は、新たに獲得した語彙を復習して自分のものにす
る時間であり、それとともに、子どもの語りの力を伸ばす練習が
ある。子どもが短い漫画などをもとに物語を作って語り、それを

図27　市販されている Oral Language Intervention Programme。The Nuffield
Early Language Intervention (Oxford,2018).

ボックス3　プログラムの内容	
読みを通じて音韻を強化するプログラム	**口頭言語のプログラム**
文字と音の結びつき	話す
口頭での音韻意識	聴く
フォニックス	語彙
一目見てわかる単語を覚える	物語を作る
易しい本を読む	理解
指導レベルの本を読む	質問を考える

ティーチング・アシスタントが録音しておく。後で録音した内容の書き起こしを用いて、次の回に指導するポイントを選ぶ。それは例えば、動詞の時制や、文と文の繋ぎ、形容詞の使い方であるかもしれない。ここを見直すともっと語りの質が上がるというポイントを見つけておくわけだ。

　研究に参加してもらう子どもは、ヨークシャーの20の学校で新入生をスクリーニングし、各学校から、表現呼称（expression naming）と文章想起のテストで最も成績の低かった8名を選んだ。そのうち4名ずつを無作為にR＋PとOLプログラムに振り分けた。ここではこのプログラムの効果を、かなり用心深く評価しており、児童は全員が並行して通常学級で音韻に基づいた読みの授業を受けており、通常学級には両方のプログラム受講者が含まれ、どちらのプログラムを受ける児童も、特別な注意を向けられる。

　児童たちが受けたプログラムの効果を評価するため、R＋Pプログラムを受けた子どもの読みと読みに関連するテストの結果が、

OLプログラムを受けた子どものテスト成績と比較された。音韻意識、散文音読の正確さ、非語音読、そして綴りにおいて、プログラム終了時も、5か月後の追跡調査でも、R＋Pの子どもの成績はOLの子どもをはるかに上回った。ここから、プログラムは早期の読みの発達に有効であると推定される。さらに、700名に及ぶクラスメートたちのテスト結果と比べてみると、50％以上が、初期の単語の読みでは平均以内の成績を示していた。

　この試行によって、原則として口頭言語指導は、訓練を受けることでティーチング・アシスタントによって提供できることも証明された。わたしたちの研究によれば、OL指導は語彙と文法の習得に結びつくことがわかったが、これが、指導の中で行われた活動を離れて一般化できるかどうかまではわからなかった。また、わたしたちはこうも考えた。口頭言語が読みの習得の基礎だとするなら、このような形の指導をもっと早く、幼稚園などで行うのがいいのではないか。続く研究では、口頭言語指導の期間を延長（30週間）して入学前の4歳児に提供し、さらに入学後2学期間にわたって指導を続けた。

　前回調査と同様のスクリーニングを、今度は英国全体の幼稚園で行い、話し言葉の発達が遅い園児を無作為に、30週間の話し言葉プログラムを受ける組と、「通常の」指導だけを受ける対照群とに割り振った。プログラムは三つの柱からなる。語り、語彙、そして聴く力だ。幼稚園ではふたりから4人を一組に、一週間に3回授業を行った。入学後は週3回の30分授業に加え、1対1で語りに重きをおいた15分間の授業を週2回増やした。最後の10週間は、音と文字の結びつきと音韻意識の指導も加えられた。

　話し言葉のプログラムを受けた子どもたちは指導のあと、語彙、語り、そして耳から聴いて理解する力、文法の表現の面で向上を示した。文字の知識、頭韻合わせ、音を聞いて綴るテストの成績から、芽生え的な読みの力にも影響を与えていることが示された。

　OL プログラムで、単語の解読が目立ってよくなった様子は認められなかったものの、今回のプログラムは特にその点を企図したものではなかったことには留意しておきたい。さらに言えば、対照群は通常学級で体系的にフォニックス指導を受けている。それでも6か月後、プログラムを受けた子どもたちは、読解力の成績が〔他の〕クラスメートを上回っていたことは特に重要だ。読解力も、プログラムで企図した項目ではない。したがって、この部分の成績が上がったのは、口頭言語技能への働きかけの副産物であるということになる。指導効果の統計モデルからも、それが裏付けられた。読解力の向上は、完全に口頭言語技能の向上によるものであった（単語レベルの解読技能によるものではない）。このことから、口頭言語に特化した早期の訓練は、単に話すことと聴くことにとどまらない効果があり、意味をとりながら読む力の発達を促すと言える。これは芽生え的な読み書きの力にとって、決定的に重要な側面だ。

親は何ができるか

　子どもの読み書きの進度を真っ先に心配するのは、たいていは親だ。心配しても耳を傾けてもらえなかったり、何の対処もされなかったりすれば、真っ先にストレスを受け、動揺する。危ぶまれるのは、そういう保護者が「心配性の保護者」のレッテルを貼られ、

注意の対象が児童から保護者に移ってしまうことだ。

　わたしの経験では、子どもを案じている親が間違っていることは
まずない。同学年のほかの子どもや兄弟と比較し、手当たり次第に
アドバイスを求めることになるだろう。子どもが学習に困難を感じ
て示す感情的な反応を、直に目にするのも親たちだ。子ども自身は、
挫折感や狼狽を学校ではひた隠していることも多い。

　親なり監護者なりの第一の役割は、子どもの代弁者になることだ。
第二の役割は、子どものニーズに沿って専門家の意見を聞き、時に
は教員や療法士の指導に基づいて、訓練の手伝いをする。三番目の
役割は、子どもの得意分野を伸ばすこと。音楽でもいいし、美術や
スポーツ、演劇でもいい。追加の補習や宿題はこの代わりにはなら
ない。最後に、親はいかなる意味でも教師ではないことを覚えてお
いてほしい。あなたは結局のところ「お母さん」や「お父さん」で
あってほしい。一緒に楽しみ、ユーモアを忘れず、現実的な見通し
をもってほしい。ディスレクシアのある子どもは、学校の成績は振
るわないかもしれない――実際そういうケースは少なくない――が、
そのほかの分野で、例えば同年代の友人たちからのサポートなどが
あれば、何より大事な感情の柔軟さを培うことができるのだ。

学校は何ができるか

　学校とその管理者は、ディスレクシアのある子どものサポートに
おいて大きな役割を果たすことができる。評価やモニタリング、支
援の提供に少なからぬ責任がある。提供には公平を期して、支援カ
リキュラムは、ディスレクシアのある児童がどの子も受けやすい場

所で行われるよう、適切に調整する必要があるし、評価も公正になされなければならない。特別支援の教員は、自身もまた支援や介入技術の進歩についていく必要がある。最近の報告では、ヨーロッパの9歳から16歳の85％は学校の勉強にインターネットを使っており、子どもは紙媒体より電子媒体で読む比率が高くなっている。ディスレクシアに対する電子媒体の功罪はまだ充分研究されていないが、限定的ながら、電子媒体はフォントサイズを自由に変更できるところがディスレクシアには合っているという報告もあり、また、書式を変更する（一文を短くするなど）のも役に立つかもしれない。

　学校は、孤軍奮闘していると考えないでほしい。ディスレクシアでもより複合的なケースでは、言語療法士や作業療法士など専門家に関わってもらい、保健計画・教育計画をたてるのに協力してもらうことを検討していい。時には外部への仲介が求められるケースもあり、その際には学校が、学校での子どもと同様に家族も困っている注意力や行動の問題に対し、どのように支援を得るかを両親に伝えるうえで中心的な役割を果たすことができる。

雇用主には何ができるか

　成人の場合は、支援の展望はまた異なる。多くの場合、成人が求めるのは自分の能力を発揮して働けるような職場環境の整備だ（図28参照）。職場にダイバーシティが導入されると、異なる視点、また往々にして異なる技能がもたらされ、職場環境は豊かになる。平等法（Equality Act 2000）は、職場での差別を法的に禁じており、差別から守られる人には、ディスレクシアのある人も含まれ

る。2008年に英国のメディアで報道された例では、訓練中、ディスレクシアを理由に解雇された警察官が、2万5千ポンドの賠償金を得ている。

　優良な雇用主は、ディスレクシアのある職員のニーズに確実に応えようとするだろうが、適切な調整には専門家の助言が有効だ。ディスレクシアのある人は、新たな職場では雇い主に障害を公表することが関係者全員の利益になる。公表をためらう人も少なくないが、そうなると事態は悪くなる恐れもある。実際、ハリーの場合がそうだった。前の仕事を解雇された時、ディスレクシアであることを公表していなかったために、身分保障を要求することができなかったのだ。

ディスレクシアに対する「防御力」を高める

　ディスレクシアに関する文献は星の数ほどあるが、その状態を改善する最良の方法については、いまだあまりにもわずかしかわかっていない。悲観的に見れば、ディスレクシアは改善しようがないのかもしれない。それも一理あって、ディスレクシアは生涯続く状態なのだ。だが、ほどよく付き合う方法があるのも確かで、その第一歩はリスクを見極め、早期に介入することだ。

　どのくらい早ければいいのかは、まだわかっていない。個人的には就学前からの体系的読み書き教育に一票投じる気はないが、話し言葉は間違いなく重要だ。言語発達を豊かにする方法がひとつあるとすれば、年齢に応じた内容の本（赤ちゃん向けの絵本も含め）を定期的に読み、子どもと内容を話し合うことだろう。音のゲーム――

158

図28 大人の読み書き学習。中世の木版画に見る師と弟子

韻を踏む、最初の音を合わせる、「アイ、スパイ」のような言葉あてゲームなど——は、子どもたちが話し言葉に出てくる音に親しむのに役立ち、それが音韻意識を育てる。入学前に子どもの名前を表す文字を教えるのも有効で、読むための土台は、適切な助言があれば、親が整えることができるのである。

　学齢期の子どもの場合、モニタリングも評価も支援も、密接に関係しあっている。ある支援策が効果を上げられなかった時には、別の手立てを考えなければならない。ディスレクシアのある子どもの役に立つ教育技法は豊富にある。だがよくよく念頭においていてほしいのは、そうした仕組みをどう使えば効果的なのか、教わらなければ使えないということだ。標準的な解決策にしても同じことが言える。ディスレクシアのある児童生徒には、余分に時間をとってもらうのはたしかに役に立つ。だがその時間をどう使うのがいいのか。作文の書き方のコツに従えばいい作文が書けるかもしれない。けれどもこれまでに長い作文を書く練習をほとんどしたことのない、ディスレクシアのある子どもには、そもそも書き方の手順を踏んでいくのさえ難しいだろう。

　ディスレクシア教育の第一人者、マーガレット・バード（Margaret Byrd）は固く信じているという、「子どもがものにできないとしたら、それは教師がちゃんと教えていないから！」。バードにとって、成果を上げる責任があるのは教員であって、生徒ではない。

第7章 三つの C
——caveats（警鐘）、comorbidities（併存）、compensation（代償）

　ここまで読んできた方々は、ディスレクシアが神話だと言われてきたとはとうてい信じられないことだろう。目下の論題はむしろ、ディスレクシアが「カテゴリー——単一の区分」ではなく、連続的に存在していることを定着させるほうに移ってきている。ディスレクシアを定義する基準を厳密に定めようとすると難しい（ちょうど、厳密に「肥満」と定めるのが難しいのと同じだ）が、読むことが非常に困難で、かつその状態が根強く続く人を「ディスレクシア」と呼ぶことには、理論的かつ道義的な根拠が充分ある。加えて、それをディスレクシアと「名指す」ことは、膨大な実証的証拠によって正当化される。

「二つの棘に挟まれて咲く一輪のバラ」
——ディスレクシアの実践的定義

　2009 年、サー・ジム・ローズ（Sir Jim Rose）が、報告書『ディスレクシアなど読み書き障害のある子ども、若者を見出し、支援する（*Identifying and Teaching Children and Young People with Dyslexia and Literacy Difficulties*）』を発表した。英国政府の諮問を受けた第三者委員会による報告で、優れた研究成果と実践を引いてディスレ

クシアの性質やその対応策を検討するとともに、親や教師、その他の関係者から膨大な証言を得て構成されている。ディスレクシアを定義する難問に正面から取り組んだ委員会は、実践的な定義として五つの項目を挙げた。すべての子どもへの読み書き教育に、ディスレクシアへの支援を組み込んでいくための枠組みである。この定義は、国際社会から注目され、称賛を集めた。ここでは、本書を貫くテーマを代弁してくれるものとして、それを紹介したい。

　　ディスレクシアは何よりもまず、単語を正確かつ流暢に読み、書く力を阻害する

　この部分に異を唱える人はまずいないだろう。アメリカ精神医学会の『精神障害の診断と統計マニュアル（*Diagnostic and Statistical Manual of the Mental Disorders*）』第5版、いわゆる DSM-5 の定義とも合致する。DSM-5 は教育現場では使われないが、大西洋のどちらの側でも臨床医にとっては「バイブル」になっている。DSM-5 では、「ディスレクシア」は限局性学習症のひとつに分類されている。限局性学習症は、神経発達症のひとつであり、児童期に症状が始まり、読むこと、書くこと、かつまたは数学的処理に困難が生じる。ここで「ディスレクシア」は、「正確または流暢に単語を認識するのが困難で、読み書きが充分にできないことに特徴づけられる学習障害の一類型」を表す「代替的用語」とされている。DSM-5 では、その深刻度を三段階に分類している。

　　軽症：適切な支援があればかなり緩和される

　　中度：一定期間の集中的な介入と支援が必要
　　重症：通常複数の学業達成が阻害され、支援があっても、特に
　　　　　学校生活では適応（functioning）に困難を生じる

　これは、特別な支援を必要としているのが誰で、適切な対応があれば学校でも職場でも困らずにすむのが誰なのかを考えるうえで役に立つ指標だ。

　　ディスレクシアの主たる特徴は、音韻意識、言語性記憶、口語
　　処理速度の障害である

　ローズ報告にある2番めの定義は、ディスレクシアの行動面の特徴をあげ、考えられる要因にも触れている。別の言い方をすれば、ディスレクシアの音韻障害とは、音韻意識の障害で、これが直接的に読み（と綴り）の獲得を阻害する。音韻の問題は普遍的にあって、言語によらず（中国語でさえ）、音声に対する意識により読みの発達の個人差が予測される。ここから、音韻の障害が読むことの習得過程を妨げる要因になることがわかる。
　言語性の短期記憶が弱いことも、ディスレクシアのよく知られた特徴だ。言語性記憶には言葉のインプットと発語のアウトプットが必要で、目から入る文字情報を発語に変換する「読み」と同じメカニズムのいくつかが使われる。
　数年前、チャールズ・ヒュームとわたしは重度のディスレクシアがある子ども「JM」について報告した。彼は非常に知的で豊富な語彙をもっていたが、単語は読むことも反復することもできず、正

しく綴ることはほとんどできなかった。彼の言語性記憶のスパンは
たった2項目であった。成人した彼は「読むのは苦ではないけれど、
職場で指示されることを覚えているのが大変なんです」と語ってい
る。もうひとつ、ラピッドネーミング検査によって判定できる口語
処理の障害が、ディスレクシアの普遍的な特徴のひとつであること
も、膨大な調査結果で実証されている。

　　ディスレクシアはIQレベルに関わらず発生する。ディスレクシ
　　アは連続的な障害であると考えるのが妥当であって、明確なカ
　　テゴリーではなく、はっきりした区分点（cut-off point）もない

　ディスレクシアの「乖離にもとづく定義（discrepancy definition）」
はもう使われない。つまり、IQによって想定される読みの習熟と、
実際の読みのレベルの落差でディスレクシアを定義するのは誤りで
ある。図29のグラフは、標準的な読みスキルの分布と、異なる区
分基準値それぞれで、どれだけのパーセンテージの人が「ディスレ
クシア」と定義されるかを示している。これを見ればあらためて、
ディスレクシアが広がりであり、厳密な「診断基準」はないことが
わかる。
　研究者の間では、読みの成績が同年代の平均から少なくとも1標
準偏差下位にいる者をディスレクシアであると考える。これはか
なり緩い基準で、全体の16％が含まれる。研究者によっては、標
準偏差1.5を使用することもあるが、これはそれより下位がわずか
7％となる。
　一方、教育機関の多くは5パーセンタイル（5th centile、これより下

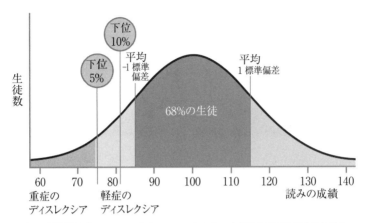

生徒数

下位
10%

下位
5%

平均
−1標準
偏差

平均
1標準偏差

68%の生徒

60　70　80　90　100　110　120　130　140

重症の　　　　軽症の　　　　　　　　　　　　　　　読みの成績
ディスレクシア　ディスレクシア

図 29　標準的な読みスキルの分布。ディスレクシアを推定する区分基準値を示す。

位にくる子どもは 5 ％しかいない）に区切りを置いて、そこまできてよ
うやく特別な支援を受けられるようになる。読むことの困難が、学
業全般と健やかな学校生活に及ぼす影響を考えると、この基準は過
酷だ。ここで区切られると、必要な子どもの多くが支援を受けられ
ないことになる。

　問題を複雑にしているものがまだある。読みの習熟の幅の広が
りの下には、ほかにも重要な広がりがある。ひとつは話し言葉
で、これは読みの基礎になる。ディスレクシアと発達性言語障害
（developmental language disorder：DLD）の関係についての多くの
研究結果を総合すると、ディスレクシアと DLD は読みの困難につ
ながる共通の危険因子があると考えられる。これはその後、ウェル
カム・ランゲッジ・アンド・リーディング・プロジェクトの調査で
確認された。単語を読むことを身につける根幹になるのは、音韻意

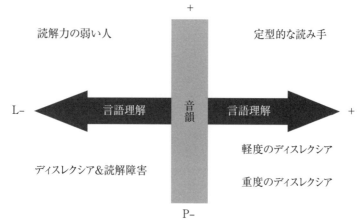

図30　ビショップとスノーリング（2004）による、ディスレクシアとDLDの関係を示したマトリクス。DLDの子どもが図の左にくる。ここには、ディスレクシアのある子どもも ない子どももいるが、全員が読解に困難を抱えている。「読解力が弱い人」は、読むのに難はないが、読解力の弱さを見過ごされているためにつまずきやすさを孕んでいる。

識など言語の音韻的側面なのである。ただし、語彙や文法といった口頭言語の力も、読んで理解するために必須の土台である。

　図30のマトリクスのうち、ディスレクシアのある子どもとDLDのある子どもの多くには音韻の困難があり、それは就学前の時期に始まってその後ずっと続く。ディスレクシアの根幹が音韻の障害であると仮定するなら、IQ連続体のどこでも起こりうることを認めなければならない。

　ディスレクシアのある子どもの一部には、それ以外の困難もあり、言語に関わる困難もそれに含まれる。そうした言語の困難は、読解力の発達を阻害する。旧来の定義にあてはまる、音韻の障害だけのディスレクシアの子どもであれば、読んで意味をとることを邪魔し

ているのは解読力の不足だが、DLDのある子どもは解読力の良し
あしに関わらず読解力が阻害されている。したがって、もしディス
レクシアのある子どもが話し言葉でも苦労していたとしたら、単語
の解読だけでなく読解力にも支援が必要だということだ。ここで、
併存障害の問題が出てくる。

　　併発する困難は、言語、協調運動、暗算、集中、整理整頓など
　　の多方面に現れる可能性があるが、これらはそれ自体ディス
　　レクシアの指標ではない

　併存症とは医学用語で、主な疾患とは別に患者がかかえる病気を
指す。ディスレクシアの研究者がこの用語を援用するのは、「併存
が普通」と言えるほど、ディスレクシアにはほかの神経発達症がし
ばしばみられるからだ。ここでは、ふたつのタイプの併存障害を見
ておこう。ひとつめは、どちらかの障害がもうひとつの障害の先触
れとなり、時間的にも先行して現れるものだ。ひとつ例を挙げると、
DLDのある子どもが、その後ディスレクシアであるとされるケー
スがこれにあたる（因果関係）。ふたつめは、まったく異なる障害
が同時に存在する場合だ。ひとりの子どもが、ディスレクシアと発
達性協調運動障害（ディスプラクシア dyspraxia）を同時に持ってい
るというのがこれにあたる（連合関係）。
　ディスレクシアが連続体であるように、ほかの神経発達症も同じ
だ。ローズ報告ではあえて言語の困難とか協調運動の困難という言
い方をし、「発達性言語障害（developmental language disorder）」と
か「ディスプラクシア（dyspraxia）」といった分類用語を用いてい

ない。同様に、暗算や集中、整理整頓の困難といった表現を使い、算数障害（ディスカリキュリア dyscalculia）とか ADHD とは言っていない。肝心なのは、こうした困難はどれひとつとしてディスレクシアの定義や判定基準には入らないものの、そうした困難が併存していることで、ディスレクシアのある人の被る困難が大いに複雑になる点であろう。

このことは、「共有する危険因子」という観点からも考えることができる。危険因子という点からみると、音韻の弱さは読みの困難につながる。家系的リスクがある子どもにはこの傾向が見られるし、また、入学前の段階で話し言葉に遅れがある子どもにも言える。言語性記憶の弱さは算数の習得の危険因子でもあり、これはディスカリキュリアとディスレクシアに共有されている。ディスレクシアのある子どもの一部は音韻と口語記憶が乏しく、そのため、ディスレクシアのある子どもの 45％は発語に困難があり、45％は数字に弱いが、これは不思議でもなんでもないことだ。

併存障害の裏返しにあるのが、代償だ。併存障害はディスレクシアの状態を悪化させる一方、代償は別の機能で埋め合わせることだ。例えば、読むのは苦手でも言葉の知識があれば、前後関係から単語の解読を補うこともできる。「stomach（胃、ストマック）」をもともと「ストマッチ」と発音していたとしても、「stomach」を語彙として獲得していて、それが体と関係のある言葉だと知っていれば、「John was off school as he had stomach ache（ジョンは胃痛で学校を休んだ）」という文章を、「stomach」が体の部位だと知らない子よりは正確に読み解けるだろう。別の例を挙げると、集中力がある子どもなら効果的な学習が可能かもしれないし、視覚が優れていれ

ば、綴りを覚える役に立つかもしれない。

> ディスレクシアの深刻度と持続性を測る良い指標は、充分に根
> 拠のある支援策に接して、当人がどれだけ改善するか、または
> 改善してきたかを評価することによって得られる

　理論的に根拠のある支援の出発点は、障害の因果モデルだ。ディ
スレクシアの主要因は音韻の障害なので、単語解読に直接つながる
音韻のスキルを高める内容であることが重要だ。だが比較試験の結
果から、音韻意識だけを訓練しても不充分であることがわかって
いる。最も効果的だったのは、流暢に読めるようになる訓練を含ん
だプログラムで、英国ならハッチャー（Hatcher）のリーディング・
インターヴェンションがあるし、カナダにはモーリーン・ロヴェッ
ト（Maureen Lovett）らのチームが開発したマルチコンポーネント
のプログラムがある。いずれも有効なアプローチだが、全てのプロ
グラムで不可欠なのは、RTIを用いて個々の子どもの指導に対す
る進歩をモニタリングすることだ。併存障害があると様相は複雑に
なり、わたしたちはまだ、ディスレクシアのある子どもの併存障害
をどう扱えば最良なのか、把握できていない。研究は盛んに行われ
ているところだが、明確な解決策を見出すには至っていない。

リスクと道筋はひとつではない

　ブルース・ペニントンは、2006年に発表した画期的な論文で、
ディスレクシアのような障害の原因は複合的で、複数の遺伝因子と

環境因子の複雑な相互関係によるものであることを思い出させてくれた。多因子を考慮に入れる彼の立場では、危険因子も保護因子も認知機能の発達に影響を及ぼし、それが障害を決定づける行動兆候となって現れる。重要なのは、彼が、たったひとつの欠損だけでは障害へと発展するには不十分だとしている点だ。

　本書ではおおむね、音韻の障害がディスレクシアの根幹にある唯一の要素であるとしてきた。だが、環境因子や併存障害、それらを埋め合わせる資源（支援も含まれる）について考えあわせれば、そこに重要な警告が含まれていることは明らかだ。本書のようなごく簡潔な入門書で取り扱う話題ではないが、これだけは言える。ディスレクシアへと至る道は一本ではないし、さらに言えば、ディスレクシアのある人が学校で、あるいは人生でどれだけの成果を得られるかを左右する要因は数多くあるのだ。

　ペニントンの見解は、これまでわかっているディスレクシアの生物学的機序と合致するだろうか。たくさんの遺伝子が少しずつディスレクシアに関わっていることはわかっており、同じ遺伝子の多くが、ADHD のような関連する障害にも関与している。「ディスレクシア」因子のある家族のなかでも、遺伝子の組み合わせはひとりひとり異なるので、ほかの家族より多くのディスレクシア遺伝子の組み合わせを受け取る者もいる。同様に、併存して起こるそのほかの状態も、家族のなかに分散して存在する。

　図31 は、多数の遺伝子が脳の三つの異なる様相に収れんする概念図だ。それぞれの様相が別々の認知のリスクに関連する。このようなリスク因子はエンドフェノタイプ（endophenotypes 中間表現型）と呼ばれることがある。これが生物としての基礎（遺伝型）が行動

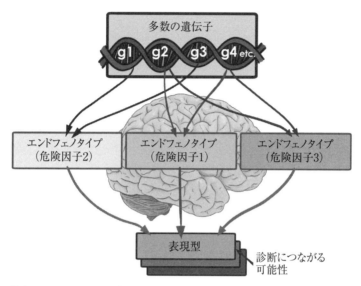

図 31　ディスレクシアの危険因子はどのように集積して「診断」に至るのか

（表現型）に及ぼす影響を仲介するのだ。

　図に従って考えると、ディスレクシアの主たる危険因子は音韻の障害だ。その重篤度は人によってさまざまである。加えて、付随的な危険因子があり、それが集まるとディスレクシアの連続体の中で軽症から重症へと重度が進む。そこには、話し言葉の困難や注意力の問題も加わっているかもしれない。この図は、危険因子の数が多ければ多いほど専門機関に紹介される可能性が高まり、その結果障害（表現型 phenotype）の診断へと至ることを示している。この図に表わされていないのは保護因子で、例えば教育や個々の「認知の柔軟性」における個人差といった環境因子がこれにあたる。

ディスレクシアのバイオマーカー

　ジグソーパズルのピースはまだある。今度は脳のレベルだ。一般的には、読む行為を支える左脳の言語野が、ディスレクシアでは構造的にも機能的にも異なっているとされる。2002 年、テキサスの研究チームが、ディスレクシアのある子ども 8 人に 80 時間の集中指導を行った結果、この部位に変化が見られたと報告した。

　指導が始められる前、子どもたちは左脳後頭部に「ディスレクシア特有の」不活性を示し、一方右脳の活動は活発だった。指導終了時、左脳の活動が増加し、それは読みの技術の向上と関連していた。ディスレクシアにおいて左脳の活動低下がみられるという仮説と矛盾しない結果ではあるが、何らかの結論を出すにはサンプルが少なすぎる。代償に関わる脳システムについて、わかっていることは悲しいほどわずかだ。ディスレクシアの脳の構造や機能が、ひとりひとりでどのように違っているのか、読みの指導を受ける前と受けた後で違いはあるのか、これからもっともっと知らなければならない。文献で報告される相関関係からだけでは、ディスレクシアの原因と結果を解きほぐすことはできない。研究に協力してくれた子どもたちの脳の違いが、ディスクレシアに関連するとされる認知の要因とどのように関係しているのか、充分に理解できるようになるまでには、まだ道のりは長いのだ。ただ、現在判明していることを敢えて解釈するならば、早期教育においても読みの指導の結果としても、学習の違いが脳そのものの違いに顕われるということは言えるだろう。

最後に——言葉の力

　数年前、各国の専門家が英国に集まり、「ディスレクシア」にまつわる研究成果を再検討し、用語について議論した。会合の結果、2009年のサー・ジム・ローズの実践的定義が支持され、とりわけ、支援に対する反応をモニタリングする重要性が確認された。ローズ報告の勧告は、政策と現場への最上のメッセージになる。「あらゆる学校は……ディスレクシアのある児童を指導するために、専門家の援助を得られるべきである」。

　本書を閉じるにあたって、最初からわたしたちの旅路に付き合ってくれた3人のケースに立ち返り、「ディスレクシア」という言葉が彼らにふさわしいかどうかを考えてみよう。

　ボビーは読む技術を身につけるために苦労するなかで、問題行動を表出するようになった。彼にとって「ディスレクシア」という用語は必要なサポートを得るための鍵であり、問題行動の原因は学習がうまくいかない苛立ちにあり、悪ふざけや非行は面目を保とうとする鎧なのだということを、彼自身や周囲が理解する一助になるだろう。長期的には、彼が科学や数学で身を立てたいと願うのであれば、然るべき支援を用意して、この分野の成績を上げられるような体制が作られてもいいだろう。

　ミーシャにとって、自分が読むのに時間がかかり、綴りがうまくいかないのには理由があったと知るのは、とてもほっとすることだった。また担任も、ミーシャがただ怠けていたわけではないと知ることとなった。ミーシャは、自分のディスレクシアは軽症である

ことを喜んで受け入れ、また、数学は好きじゃないと口に出して言えることも嬉しかった。おまけに、不安が薄らいで、成績を上げたいという意欲が高まった。ふたりにとって、ディスレクシアは個性の一部となり、読み書きが重要視される社会において、しなやかに生きていく大切な手がかりとなった。

　ハリーは学業的スキルではずっと苦労してきたが、それでも人生はうまくいっている。それもこれも、自分がディスレクシアであると知ったことが強みとなり、またそのおかげで得られた支援もあったからこそ、今のようにうまくやれているのだと感じている。ハリーは今、注意の問題など、ほかの困難への支援を受けたいと考えている。

　ディスレクシアがあるからといって、現行の教育制度から取り残されていいはずがない。親たちは、自分の子どものニーズを認めてもらおうと闘う必要などない。ディスレクシアが存在することには、確固たる科学的裏付けがある。ディスレクシアのある人がひとりひとり異なることが明らかになりつつあり、効果的な支援の方法も研究されている。ディスレクシアをディスレクシアと名付けることは、科学的な合意を形成し、ディスレクシアのある子どもと大人が必要な支援を確実に受けられるようにするために、またとない方法なのである。だからこそ、ディスレクシアはディスレクシアと呼ぼう。

参考文献

第1章　ディスレクシアはあるのか

Orton, S. T. (1925). Word blindness in school children. *Archives of Neurology & Psychiatry, 14*(5).

Pringle Morgan, W. (1896). A case of congenital word blindness. *British Medical Journal, 2*(1871), 1378.

Rutter, M., & Yule, W. (1975). The concept of specific reading retardation. *Journal of Child Psychology and Psychiatry, 16*, 181–97.

第2章　読みはいかにして身につくのか（もしくはつかないのか）

Byrne, B. (1996). The learnability of the alphabetic principle: children's initial hypotheses about how print represents spoken language. *Applied Psycholinguistics, 17*(4), 401–26.

Hulme, C., Bowyer-Crane, C., Carroll, J. M., Duff, F. J., & Snowling, M. J. (2012). The causal role of phoneme awareness and letter-sound knowledge in learning to read: combining intervention studies with mediation analyses. *Psychological Science, 23*(6), 572–7.

Ehri, L. C. (1995). Phases of development in learning to read words by sight. *Journal of Research in Reading, 18*(2), 116–25.

Jorm, A. F., & Share, D. L. (1983). Phonological recoding and reading acquisition. *Applied Psycholinguistics, 4*(2), 103–47.

Stanovich, K. E. (1980). Toward an interactive-compensatory model of individual differences in the development of reading fluency. *Reading Research Quarterly, 16*(1), 32–71.

Seidenberg, M. S., & McClelland, J. (1989). A distributed, developmental model of word recognition. *Psychological Review, 96*, 523–68.

Treiman, R. (2017). Learning to spell words: findings, theories, and issues. *Scientific Studies of Reading, 21*(4), 265–76.

Read, C. (1971). Pre-school children's knowledge of English phonology. *Harvard Educational Review, 41*(1), 1–34.

Caravolas, M., Hulme, C., & Snowling, M. J. (2001). The foundations of spelling ability: evidence from a 3-year longitudinal study. *Journal of Memory and Language, 45*(4), 751–74.

Treiman, R., Cassar, M., & Zukowski, A. (1994). What types of linguistic information do children use in spelling? The case of flaps. *Child Development, 65*(5), 1318–37.

Gough, P. B., & Tunmer, W. E. (1986). Decoding, reading, and reading disability. *Remedial and Special Education, 7*(1), 6–10.

Castles, A., Rastle, K., & Nation, K. (2018). Ending the reading wars: reading acquisition from novice to expert. *Psychological Science in the Public Interest, 19*(1), 5–51.

Perfetti, C. A., & Hart, L. (2002). The lexical quality hypothesis. *Precursors of Functional Literacy, 11*, 67–86.

Share, D. L. (2008). On the Anglocentricities of current reading research and practice: the perils of overreliance on an 'outlier' orthography. *Psychological Bulletin, 134*(4), 584.

Caravolas, M., Lervåg, A., Mousikou, P., Efrim, C., Litavsky, M., Onochie-Quintanilla, E., Hulme, C. (2012). Common patterns of prediction of literacy development in different alphabetic orthographies. *Psychological Science, 23*(6), 678–86.

Caravolas, M., Lervåg, A., Defior, S., Seidlová Málková, G., Hulme, C. (2013). Different patterns, but equivalent predictors, of growth in reading in consistent and inconsistent orthographies. *Psychological Science, 24*(8), 1398–407. doi: 10.1177/0956797612473122.

Pan, J., Song, S., Su, M., McBride, C., Liu, H., Zhang, Y., & Shu, H. (2016). On the relationship between phonological awareness, morphological awareness and Chinese literacy skills: evidence from an 8-year longitudinal study. *Developmental Science, 19*(6), 982–91.

Snowling, M., & Hulme, C. (1989). A longitudinal case study of developmental phonological dyslexia. *Cognitive Neuropsychology, 6*(4), 379–401.

第3章 ディスレクシアの認知的要因

Wagner, R. K., & Torgeson, J. K. (1987). The nature of phonological processing and its causal role in the acquisition of reading skills. *Psychological Bulletin, 101,* 192–212.

Lervåg, A., & Hulme, C. (2009). Rapid automatized naming (RAN) taps a mechanism that places constraints on the development of early reading fluency. *Psychological Science, 20*(8), 1040–8.

Hulme, C., Nash, H. M., Gooch, D., Lervåg, A., & Snowling, M. J. (2015). The foundations of literacy development in children at familial risk of dyslexia. *Psychological Science, 26*(12), 1877–86.

Vellutino, F. R., Fletcher, J. M., Snowling, M. J., & Scanlon, D. M. (2004). Specific reading disability (dyslexia): what have we learned in the past four decades? *Journal of Child Psychology & Psychiatry, 45*(1), 2–40.

Hulme, C. (2014). *Reading Retardation and Multi-Sensory Teaching (Psychology Revivals).* Routledge.

Shankweiler, D., Liberman, I. Y., Mark, L. S., Fowler, C. A., & Fischer, F. W. (1979). The speech code and learning to read. *Journal of Experimental Psychology: Human Learning and Memory, 5*(6), 531–45.

Snowling, M. J. (1980). The development of grapheme-phoneme correspondence in normal and dyslexic readers. *Journal of Experimental Child Psychology, 29*(2), 294–305.

Melby-Lervåg, M., Lyster, S.-A. H., & Hulme, C. (2012). Phonological skills and their role in learning to read: a meta-analytic review. *Psychological Bulletin, 138*(2), 322–52.

Ehri, L. C., & Wilce, L. S. (1980). The influence of orthography on readers' conceptualization of the phonemic structure of words. *Applied Psycholinguistics, 1*(4), 371–85.

Castro-Caldas, A., Petersson, K. M., Reis, A., Stone-Elander, S., & Ingvar, M.

(1998). The illiterate brain: learning to read and write during childhood influences the functional organization of the adult brain. *Brain: A Journal of Neurology, 121*(6), 1053–63.

Tallal, P. (1980). Auditory temporal perception, phonics, and reading disabilities in children. *Brain and Language, 9*(2), 182–98.

Snowling, M. J., Gooch, D., McArthur, G., & Hulme, C. (2018). Language skills, but not frequency discrimination, predict reading skills in children at risk of dyslexia. *Psychological Science, 29*(8), 1270–82.

Goswami, U. (2011). A temporal sampling framework for developmental dyslexia. *Trends in Cognitive Sciences, 15*(1), 3–10.

Lovegrove, W., Martin, F., & Slaghuis, W. (1986). A theoretical and experimental case for a visual deficit in specific reading disability. *Cognitive Neuropsychology, 3*(2), 225–67.

Olulade, O. A., Napoliello, E. M., & Eden, G. F. (2013). Abnormal visual motion processing is not a cause of dyslexia. *Neuron, 79*(1), 180–90.

Bosse, M. L., Tainturier, M. J., & Valdois, S. (2007). Developmental dyslexia: the visual attention span deficit hypothesis. *Cognition, 104*(2), 198–230.

Ziegler, J. C., Pech-Georgel, C., Dufau, S., & Grainger, J. (2010). Rapid processing of letters, digits and symbols: what purely visual-attentional deficit in developmental dyslexia? *Developmental Science, 13*(4), F8–14.

Rochelle, K. S., & Talcott, J. B. (2006). Impaired balance in developmental dyslexia? A meta-analysis of the contending evidence. *Journal of Child Psychology and Psychiatry, 47*(11), 1159–66.

Saksida, A., Iannuzzi, S., Bogliotti, C., Chaix, Y., Démonet, J. F., Bricout, L., . . . & Ramus, F. (2016). Phonological skills, visual attention span, and visual stress in developmental dyslexia: insights from a population of French children. *Developmental Psychology, 52*(10), 1503–16.

Snowling, M. J., & Melby-Lervåg, M. (2016). Oral language deficits in familial dyslexia: a meta-analysis and review. *Psychological Bulletin, 142*(5), 498–545.

Pennington, B. F. (2006). From single to multiple deficit models of developmental disorders. *Cognition, 101*(2), 385–413.

Snowling, M. J., Nash, H. M., Gooch, D., Hayiou-Thomas, M. E., Hulme, C., and the Wellcome Language and Reading Team (2019). Developmental outcomes of children at high risk of dyslexia and developmental language disorder. *Child Development*. https://doi. org/10.1111/cdev.13216

第4章　ディスレクシア――遺伝と環境　社会階層は働くのか

Sonuga-Barke, E. J. (2010). 'It's the environment stupid!' On epigenetics, programming and plasticity in child mental health. *Journal of Child Psychology and Psychiatry, 51*(2), 113–15.

Bronfenbrenner, U. (1977). Toward an experimental ecology of human development. *American Psychologist, 32*(7), 513–31.

Sénéchal, M., & LeFevre, J.-A. (2002). Parental involvement in the development of children's reading skill: a five-year longitudinal study. *Child Development, 73*(2), 445–60.

Dilnot, J., Hamilton, L., Maughan, B., & Snowling, M. J. (2017). Child and environmental risk factors predicting readiness for learning in children at high risk of dyslexia. *Development and Psychopathology, 29*(1), 235–44.

第5章　ディスレクシアの脳

Galaburda, A. M., Sherman, G. F., Rosen, G. D., Aboitiz, F., & Geschwind, N. (1985). Developmental dyslexia: four consecutive patients with cortical anomalies. *Annals of Neurology: Official Journal of the American Neurological Association and the Child Neurology Society, 18*(2), 222–33.

Paulesu, E., Frith, U., Snowling, M., Gallagher, A., Morton, J., Frackowiak, R. S., & Frith, C. D. (1996). Is developmental dyslexia a disconnection syndrome? Evidence from PET scanning. *Brain, 119*(1), 143–57.

Shaywitz, B. A., Shaywitz, S. E., Pugh, K. R., Fulbright, R. K., Mencl, W. E.,

Constable, R. T., . . . & Gore, J. C. (2001). The neurobiology of dyslexia. *Clinical Neuroscience Research, 1*(4), 291–9.

Shaywitz, S. E., Shaywitz, B. A., Fulbright, R. K., Skudlarski, P., Mencl, W. E., Constable, R. T., . . . & Gore, J. C. (2003). Neural systems for compensation and persistence: young adult outcome of childhood reading disability. *Biological Psychiatry, 54*(1), 25–33.

Shaywitz, S., & Shaywitz, B. (2008). Paying attention to reading: the neurobiology of reading and dyslexia. *Development and Psychopathology, 20*(4), 1329–49.

BishopBlog <http://deevybee.blogspot.com/2012/05/neuronalmigration- in-language-learning.html>

Paulesu, E., Démonet, J. F., Fazio, F., McCrory, E., Chanoine, V., Brunswick, N., . . . & Frith, U. (2001). Dyslexia: cultural diversity and biological unity. *Science, 291*(5511), 2165–7.

Hu, W., Lee, H. L., Zhang, Q., Liu, T., Geng, L. B., Seghier, M. L., & Price, C. J. (2010). Developmental dyslexia in Chinese and English populations: dissociating the effect of dyslexia from language differences. *Brain, 133*(6), 1694–706.

Carreiras, M., Seghier, M. L., Baquero, S., Estévez, A., Lozano, A., Devlin, J. T., & Price, C. J. (2009). An anatomical signature for literacy. *Nature, 461*(7266), 983.

Hoeft, F., Meyler, A., Hernandez, A., Juel, C., Taylor-Hill, H., Martindale, J., . . . & Gabrieli, J. (2007). Functional and morphometric brain dissociation between dyslexia and reading ability. *Proceedings of the National Academy of Sciences of the United States of America, 104*(10), 4234–9.

Hoeft, F., Hernandez, A., Taylor-Hill, H., Martindale, J. L., Meyler, A., Keller, T. A., . . . & Gabrieli, J. D. (2006). Neural basis of dyslexia: a comparison between dyslexic and nondyslexic children equated for reading ability. *The Journal of Neuroscience, 26*(42), 10700–8.

Hoeft, F., McCandliss, B. D., Black, J. M., Gantman, A., Zakerani, N., Hulme, C., . . . & Gabrieli, J. D. (2011). Neural systems predicting long-term outcome in dyslexia. *Proc Natl Acad Sci USA, 108*(1), 361–6.

Molfese, D. L. (2000). Predicting dyslexia at 8 years of age using neonatal brain responses. *Brain and Language, 72*(3), 238–45.

第6章　ディスレクシアには何が有効か

Rose Review <https://www.gov.uk/government/publications/ letters-and-sounds>

Duff, F. J., Mengoni, S. E., Bailey, A. M., & Snowling, M. J. (2015). Validity and sensitivity of the phonics screening check: implications for practice. *Journal of Research in Reading, 38*(2), 109–23.

Hatcher, P., Hulme, C., & Ellis, A. W. (1994). Ameliorating early reading failure by integrating the teaching of reading and phonological skills: the phonological linkage hypothesis. *Child Development, 65*, 41–57.

Vygotsky, L. (1987). Zone of proximal development. *Mind in Society: The Development of Higher Psychological Processes, 5291*, 157.

Cumbria Reading Intervention <http://www.cumbria.gov.uk/ childrensservices/schoolsandlearning/reading/default.asp>

Frith, U. (2017). Beneath the surface of developmental dyslexia. I *Surface Dyslexia* (pp. 301–30). Routledge.

Duff, F. J., Fieldsend, E., Bowyer-Crane, C., Hulme, C., Smith, G., Gibbs, S., & Snowling, M. J. (2008). Reading with vocabulary intervention: evaluation of an instruction for children with poor response to reading intervention. *Journal of Research in Reading, 31*(3), 319–36.

Melby-Lervåg, M., & Hulme, C. (2013). Is working memory training effective? A meta-analytic review. *Developmental Psychology, 49*(2), 270–91.

Gillam, R. B., Loeb, D. F., Hoffman, L. M., Bohman, T., Champlin, C. A., Thibodeau, L., . . . & Friel-Patti, S. (2008). The efficacy of Fast ForWord language intervention in school-age children with language impairment: a randomized controlled trial. *Journal of Speech, Language, and Hearing Research, 51*(1), 97–119.

182

Bowyer-Crane, C., Snowling, M. J., Duff, F. J., Fieldsend, E., Carroll, J. M., Miles, J., Gotz, K., & Hulme, C. (2008). Improving early language and literacy skills: differential effects of an oral language versus a phonology with reading intervention. *Journal of Child Psychology and Psychiatry, 49*, 422–32.

Fricke, S., Bowyer-Crane, C., Haley, A., Hulme, C., & Snowling, M. J. (2013). Building a secure foundation for literacy: an evaluation of a preschool language intervention. *Journal of Child Psychology and Psychiatry, 54*, 280–90.

Equality Act 2000 <https://www.gov.uk/guidance/equality-act-2010-guidance> (accessed 6 August 2018).

Rawson, M. B. (1995). *Dyslexia over the Lifespan: A Fifty-Five Year Longitudinal Study*. Educators Pub. Services.

第 7 章　三つの C──警鐘 (caveats)、併存 (comorbidities)、代償 (compensation)

Rose, J. (2009). Identifying and teaching children and young people with dyslexia and literacy difficulties. Retrieved 28 December, 2009, from <http://webarchive.nationalarchives.gov.uk/ 20091004042342/http:// www.dcsf.gov.uk/ jimroseanddyslexia/>

American Psychiatric Association (2013). *The Diagnostic and Statistical Manual of Mental Disorders*, DSM5.

Snowling, M., & Hulme, C. (1989). A longitudinal case study of developmental phonological dyslexia. *Cognitive Neuropsychology, 6*(4), 379–401.

Bishop, D. V., & Snowling, M. J. (2004). Developmental dyslexia and specific language impairment: same or different? *Psychologica lBulletin, 130*(6), 858–86.

Hatcher, P. J., Duff, F. J., & Hulme, C. (2014). *Sound Linkage: An Integrated Programme for Overcoming Reading Difficulties*. John Wiley & Sons.

Lovett, M. W., Lacerenza, L., Borden, S. L., Frijters, J. C., Steinbach, K.

A., & De Palma, M. (2000). Components of effective remediation for developmental reading disabilities: combining phonological and strategy-based instruction to improve outcomes. *Journal of Educational Psychology, 92*(2), 263–83.

Pennington, B. F. (2006). From single to multiple deficit models of developmental disorders. *Cognition, 101*(2), 385–413.

Simos, P. G., Fletcher, J. M., Bergman, E., Breier, J. I., Foorman, B. R., Castillo, E. M., . . . & Papanicolaou, A. C. (2002). Dyslexia-specific brain activation profile becomes normal following successful remedial training. *Neurology, 58*(8), 1203–13.

ブックガイド

第1章　ディスレクシアはあるのか

Ramus, F. (2014). Should there really be a 'Dyslexia debate'? *Brain, 137*(12), 3371-4.

Rutter, M., & Maughan, B. (2005). Dyslexia: 1965-2005. *Behavioural and Cognitive Psychotherapy, 33*(4), 389-402.

Satz, P., & Fletcher, J. M. (1987). Left-handedness and dyslexia: an old myth revisited. *Journal of Pediatric Psychology, 12*(2), 291-8.

第2章　読み方はいかにして身につくのか（もしくはつかないのか）

McBride-Chang, C. (2014). *Children's Literacy Development*. Routledge.

Seidenberg, M. (2017). *Language at the Speed of Sight: How we Read, Why so Many Can't, and What Can Be Done About It*. Basic Books.

第3章　ディスレクシアの認知的要因

Boden, C., & Giaschi, D. (2007). M-stream deficits and reading-related visual processes in developmental dyslexia. *Psychological Bulletin, 133*(2), 346-66.

Schulte-Körne, G., & Bruder, J. (2010). Clinical neurophysiology of visual and auditory processing in dyslexia: a review. *Clinical Neurophysiology, 121*(11), 1794-809.

Ziegler, J. C., & Goswami, U. C. (2005). Reading acquisition, developmental dyslexia and skilled reading across languages: a psycholinguistic grain size theory. *Psychological Bulletin, 131*(1), 3-29.

186

第4章　ディスレクシア──遺伝と環境　社会階層は働くのか

Byrne, B., Wadsworth, S., Boehme, K., Talk, A. C., Coventry, W. L., Olson, R. K., . . . & Corley, R. (2013). Multivariate genetic analysis of learning and early reading development. *Scientific Studies of Reading, 17*(3), 224–42.

Friend, A., DeFries, J. C., Olson, R. K., Pennington, B., Harlaar, N., Byrne, B., . . . & Corley, R. (2009). Heritability of high reading ability and its interaction with parental education. *Behavior Genetics, 39*(4), 427–36.

Lyytinen, H., Ahonen, T., Eklund, K., Guttorm, T., Kulju, P., Laakso, M. L., & Richardson, U. (2004). Early development of children at familial risk for dyslexia—follow-up from birth to school age. *Dyslexia, 10*(3), 146–78.

Newbury, D. F., et al. (2011). Investigation of dyslexia and SLI risk variants in reading- and language-impaired subjects. *Behavior Genetics, 41*(1): 90–104.

Phillips, B. M., & Lonigan, C. J. (2005). Social correlates of emergent literacy. In M. J. Snowling & C. Hulme (eds), *The Science of Reading: A Handbook* (pp. 173–87). Blackwell.

Rutter, M., & Maughan, B. (2002). School effectiveness findings 1979–2002. *Journal of School Psychology, 40*(6), 451–75.

第5章　ディスレクシアの脳

Hämäläinen, J. A., Salminen, H. K., & Leppänen, P. H. T. (2013). Basic auditory processing deficits in dyslexia: systematic review of the behavioral and event-related potential/field evidence. *Journal of Learning Disabilities, 46*(5), 413–27.

Leppänen, P. H. T., Pihko, E., Eklund, K. M., & Lyytinen, H. (1999). Cortical responses of infants with and without a genetic risk for dyslexia: II. Group effects. *NeuroReport, 10*, 969–73.

McCrory, E. J., Mechelli, A., Frith, U., & Price, C. J. (2004). More than words: a common neural basis for reading and naming deficits in developmental dyslexia? *Brain, 128*(2), 261–7.

第6章　ディスレクシアには何が有効か

Carroll, J. M., Bowyer-Crane, C., Duff, F., Hulme, C., & Snowling, M. J. (2011). *Developing Language and Literacy: Effective Intervention for Language and Literacy in the Early Years.* Wiley-Blackwell.

Clarke, P. J., Truelove, E., Hulme, C., & Snowling, M. J. (2013). *Developing Reading Comprehension.* Wiley-Blackwell.

Hulme, C., & Melby-Lervåg, M. (2015). Educational interventions for children's learning difficulties. A. Thapar et al. (eds), *Rutter's Child and Adolescent Psychiatry* (pp. 533–44). Wiley.

Nunes, T., Bryant, P., & Olsson, J. (2003). Learning morphological and phonological spelling rules: an intervention study, *Scientific Studies of Reading, 7*(3), 289–307.

Thompson, P. A., Hulme, C., Nash, H. M., Gooch, D., Hayiou-Thomas, E., & Snowling, M. J. (2015). Developmental dyslexia: predicting individual risk. *Journal of Child Psychology and Psychiatry, 56*(9), 976–87.

Vaughn, S., Denton, C. A., & Fletcher, J. M. (2010). Why intensive interventions are necessary for students with severe reading difficulties. *Psychology in the Schools, 47*(5), 432–44.

第7章　三つのC──警鐘（caveats）、併存（comorbidities）、代償（compensation）

Hulme, C., & Snowling, M. J. (2009). *Developmental Disorders of Language, Learning & Cognition.* Wiley-Blackwell.

Moll, K., Göbel, S. M., Gooch, D., Landerl, K., & Snowling, M. J.(2016). Cognitive risk factors for specific learning disorder: processing speed, temporal processing, and working memory. *Journal of Learning Disabilities, 49*(3), 272–81.

Peterson, R. L., & Pennington, B. F. (2015). Developmental dyslexia. *Annual Review of Clinical Psychology, 11*, 283–307.

解　説

関あゆみ

　本書は、2019 年に発刊された Margaret J. Snowling, *Dyslexia*：*Very Short Introduction,* Oxford University Press, 2019 の日本語訳である。Very Short Introduction は、オックスフォード大学出版局（Oxford University Press）が 1995 年に創刊した入門書シリーズである。一流の専門家によって執筆されることが特徴であり、世界各国の専門家、評論家の間での評価も高く、さまざまな言語に翻訳されている。

　私はこの本の存在を知らず、人文書院の青木さんから紹介されて初めて手にとった。「以前からディスレクスシアに関心を持っていた。正しい認識を広げるため、この本の訳本を作りたい」ということであった。著者のマーガレット・J・スノウリング（Margaret Snowling）教授は、ディスレクシアの研究や支援に携わっている者なら誰もが知っている著名な研究者であり、*Dyslexia,* Wiley-Blackwell, 2000 や、チャールズ・ヒューム／ケイト・ネーションとの共編 *The Science of Reading : A Handbook,* Wiley-Blackwell, 2005 など多くの有名な著書がある。日本においても、宇野彰氏・加藤醇子氏の訳による『ディスレクシア読み書きの LD 親と専門家のためのガイド（*Dyslexia*）』（東京書籍、2008 年）、原恵子氏らの訳による『発達的視点からことばの障害を考える ディスレクシア・

読解障害・SLI（*Developmental Disorders of Learning and Cognition,* Wiley-Blackwell, 2009)』（ぎょうせい、2016 年）が邦訳として出版されており、いずれも私たち研究者にとっては教科書的な本である。スノウリング教授の手によるものであれば間違いないと思って読み始めた。

　本書に目を通して驚いた。薄い文庫のような本であり、先に紹介した 2 冊の原書がいかにも専門書という雰囲気であるのに対し、手軽な入門書という出立ちである。平易な英語で書かれており肩肘張らずに読んでいくことができる。が、その内容は遺伝子や脳機能のことから教育的支援まで、研究者にとっても有益な最新の知見を網羅している。一読して凄い本だと思った。超一流の研究者が書くと、専門的な内容をここまで分かりやすく書けるのだと驚いた。「是非、訳本を作りましょう」という話になった。

著者について

　ここで、あらためて本書の著者について紹介したい。

　著者のマーガレット・J・スノウリング教授は 2012 から 2022 年まで、オックスフォード大学・実験心理学科の教授を務め、現在は同大学の名誉教授である。ブリストル大学心理学部を卒業後、ロンドン大学で、自閉症研究で有名なウタ・フリスの元で博士学位を取得した。その後、臨床心理士の資格も取得している。

　著者は長年にわたり子どもの読み能力の発達と、読み能力の特異的な障害であるディスレクシアに関する研究に携わっている。本書でも紹介されている子どもの読み発達に関する大規模な縦断研究が有名であり、またディスレクシアと発達性言語障害の関係に関する

研究でもよく知られている。特に近年では、私生活のパートナーで
もあるチャールズ・ヒューム氏とともに、幼児期の言語発達への介
入の有効性を評価する無作為化比較試験の実施に携わっている。こ
の研究については、本書の中でも紹介されている。

　2009 年には英国政府の諮問を受けたジム・ローズ卿のディス
レクシア専門家諮問グループのメンバーを務めている。その報告
書『ディスレクシアなど読み書き障害のある子ども、若者を見出
し、支援する（*Identifying and Teaching Children and Young People
with Dyslexia and Literacy Difficulty*）』については第 7 章で触れられ
ているが、現時点で専門家の間で合意が得られているディスレクシ
アに関する知見をまとめたものと言える。また、英国内だけでなく、
2011 年に世界銀行が立ち上げた「万人のための教育：ファストト
ラックイニシアティブ（Education for All: Fast Track Initiative）」の
専門委員も務めている。ディスレクシアの理解への科学的貢献に対
し、2016 年には大英帝国勲章（CBE）を授与されている。

　著者がディスレクシアおよび読みと言語発達に関する研究の第一
人者であることは疑いもないが、それだけでなく、読みに困難を抱
える子どもやその家族と向き合ってきた臨床家でもあることは、本
書の随所に現れている。ここでは特に、ディスレクシアの支援につ
いて書かれた第 6 章の中の、保護者に向けたメッセージの一部を紹
介したい。

　　あなたは結局のところ「お母さん」や「お父さん」であってほ
　　しい。一緒に楽しみ、ユーモアを忘れず、現実的な見通しを
　　もってほしい。ディスレクシアのある子どもは、学校の成績は

振るわないかもしれない——実際そういうケースは少なくない——が、そのほかの分野で、例えば同年代の友人たちからのサポートなどがあれば、何より大事な感情の柔軟さを培うことができるのだ。

本書の概要について

次に、本書の概要について章ごとに紹介していきながら、本書の特徴を述べたい。

〈第1章〉 ディスレクシアはあるのか

本書はたいへんユニークな構成となっている。まず最初に、読み書きの困難を抱える子どもや大人が3人紹介される。「典型例の紹介か」とさっと読み飛ばすところだが、実はこの3人の描写にはディスレクシアの定義や病態理解をめぐる議論の手がかりとなる、さまざまな工夫が凝らされており、本文中では折に触れてこの3人の様子に立ち帰る。

第1章のタイトルは「ディスレクシアはあるのか（Does Dyslexia Exist?）」である。第1章では、「ディスレクシア」の定義をめぐる歴史とこれまでの議論が紹介される。ディスレクシアは現在の医学的定義では、「特異的学習障害」（DSM-5では「限局性学習症」と訳語が変更された）に含まれる、読みと書き（綴り）の障害である。特異的（限局性）とは、その困難が、知的能力、神経疾患や感覚器障害、不適切な教育や養育環境などでは説明できない、ということを意味する。なお、厳密には“ディスレクシア（dyslexia）”は、読字の困難という症状を指す言葉であり、本書で扱う「ディスレクシ

ア」は、小児期より認められる先天的な障害としての「発達性ディスレクシア」のことである。

　「障害」と聞くと、"通常"の能力を持つ人たちとは全く異なる特徴を示す人たち、と捉えがちだが、実際のところ、ディスレクシアと診断される人たちが持つ困難と"通常"の人たちの苦手さの間には明確な境界線はない。また、ウイルスの抗原や抗体上昇が確認されれば「＊＊感染」と診断される、といった決定的な生物学的根拠もない。ディスレクシアの定義をめぐっては現在も議論が続いている。このような状況にも関わらず、「ディスレクシアの概念はなぜ生き続けているのだろう」と、筆者は問いかける。

　「障害のある人とそうでない人の間に明確な区別はなく、連続的なものである」という説明をすると、必ず「そうであるなら障害と呼ぶ必要はないのではないか、個性として捉えれば良い」と言う人がいる。このような意見に対する著者の立場は明確である。詳細は後述するが、多くの研究領域分野にわたるこれまでの研究知見を紹介しながら、ある特徴を持つ人たちを「ディスレクシア」と呼ぶことにどのような意味があるのか、を論じていくことが、この本の意図である。

〈第２章〉　読みはいかにして身につくのか
　第３〜５章では、ディスレクシアの人たちにみられる認知処理の特異性や、遺伝的背景、脳機能の違いが紹介されるが、その前に第２章では、一般的な子どもたちの読み書き能力の発達について説明される。

　ディスレクシアは成人期まで続く読み能力の障害であるが、成人

194

を対象としてディスレクシアのある人たちとそうでない人は何が違うのか、を比較するだけでは、ディスレクシアのことは分からない。読み書きは学習によって身につける能力であり、その鍵は学習段階にある。子どもたちはどのように読み書きを学んでいくのか、その学びはどのような能力によって支えられているのか、を理解することが重要である。

　読みを習得するためには、音声単語の中の「音の単位」への気づきが重要である、という音韻意識（phonological awareness：音韻認識と訳されることもある）の概念について紹介される。文字が音を表す表音文字（アルファベットや仮名など）においては、文字と結びつく一番小さい単位へ気づき、単語をこの単位に分けることができるようになることが重要である。英語ではこの単位が音素であるため、本文中では音素意識（phoneme awareness）について説明されている。なお、日本語の場合は、仮名文字に対応する単位（母音＋子音、または、母音のみ、「モーラ」という）への認識が重要となる。

　音韻意識は、表音文字を一文字一文字読んでいくためには重要な力であるが、流暢に、すばやく読めるようになるためには、これだけでは十分でない。特に英語では、文字—音の一文字ずつの変換（本文でいうところの「ボトムアップ処理」）では読めない不規則語が多く、綴られた語全体を音声単語に対応させていく方略が不可欠である（例：yacht → ヨット）。この方略では、「この文脈であればおそらくこの語だろう」といった意味を類推する力が助けとなるため、「トップダウン処理」であると言える。この二つの処理が互いに補い合う、というのが読みの「相互補完モデル」であり、サイデンバーグのトライアングルモデル（P. 36、図3）が紹介されている。

節のタイトルとなっている Division of Labor という語は直訳すれ
ば、「労働の分配、分業制」となるが、単語の読みにおいてこの二
つの処理がお互いに補い合うさまを表す言葉である。

　単語の読みにおけるこの二つの処理については、二重経路モデル
（dual-rout model）、もしくは、その改良版である二重経路カスケー
ドモデル（dual-rout cascaded model）で説明されることも多い。本
書（P. 37）では、詳しい説明がなく、トライアングルモデルとの違
いにも言及されていないが、二つの経路とその補完関係を想定する
点は同じであることを補足しておく。

　本章の終盤では、言語による違いも議論されている。読みの学習
のしやすさは、書紀体系の特徴の影響を受ける。同じ表音文字で
あっても、文字と音との対応関係の良い言語は学習しやすい。一
方、文字が語を表す表語文字である漢字や中国語は、文字と意味の
結びつきが強く、読み方が分からなくても意味を推察できるが、ア
ルファベット言語に比べ視覚的に複雑である。このような文字では、
音韻認識に加えて、視覚記憶や視空間能力や、形態素（意味の単位）
への気づきが重要になることに触れられている。

　ところで、本章では英語を母語とする子どもを対象とした、読み
の習得過程に関わる研究が数多く紹介されている。音声言語の知識
を持って読みを学ぶ母語話者の子どもは、第二言語として英語を学
ぶ私たちとは全く異なる学び方をするのだな、と驚かされる。

〈第３章〉　ディスレクシアの認知的要因
　第３章では、ディスレクシアの読み習得の困難の背景となってい
る認知能力の問題について論じられている。二つの事象に関連があ

るというのが「相関」であるが、相関関係は必ずしも因果関係ではなく、因果関係であるというためには、少なくとも原因と思われる事象が先に生じていることが必要である。これを可能にするのが同じ子どもたちを繰り返し調査する縦断研究であり、読み習得が始まる前の能力が、学習開始後の読み習得の程度にどのように関連するのかが調査される。スノウリング教授は、イギリスで行われた複数の縦断研究に関わっている。その研究から得られた知見と、その他の研究者による数多くの研究知見を踏まえて、読み習得の困難の原因となる認知的要因が論じられている。

　本章には、ディスレクシアの認知的要因としてこれまでに言われてきた主な説がほぼ網羅されている。本書のような入門書にこのような内容を書くとき、ともすれば複数の説を併記して終わるか、自分が最も肩入れしている説を中心に紹介する、ということになりがちである。前者を読んだ読者は、「結局まだ分かっていないんですね」と思い、後者を読んだ読者は特定の説を真実だと思い込むことになりかねない。本書が出色なのは、このような多様な研究知見をどのように理解すべきかを示してくれている点である。「必要なのは多様な手法で出された例証を統合し、ディスレクシアが生じる筋道を説明できるような概念的枠組み」（P. 80）を導き出すことと筆者は述べる。この言葉に続く本章の後半は、ディスレクシア研究に携わる若手研究者に是非、読んでいただきたい部分である。今後の研究の方向性を示してくれるのではないだろうか。

〈第４章〉　ディスレクシア——遺伝と環境　社会階層は働くのか

　本章では、ディスレクシアの遺伝と遺伝子に関する最新の知見が

紹介された後、環境要因の関わりが論じられる。ここでの知見もスノウリング教授らが行ってきた縦断研究が裏づけとなっている。第2章以降で繰り返し紹介されてきた読み能力に関わる二つの大きな要因、音韻意識と言語能力に遺伝要因や家庭環境がどのように関わっているのか、が示される。

　ディスレクシアの遺伝要因に関する解説は、ともすれば決定論的になり、保護者や支援に関わる人から希望を奪うことになりかねないが、筆者の筆致はそうではない。ディスレクシアの人たちが抱える困難の発現には遺伝的にも認知的にも複数の要因が関わっており、そうであればこそ、環境が寄与する余地がある、ということがデータに裏付けられながら説明される。「もっとできることがある」と筆者は主張しているのである。

〈第5章〉　ディスレクシアの脳
　続く第5章では、ディスレクシアに関わる脳機能画像研究における重要な知見が紹介されている。ディスレクシアに関わる脳機能については、機能的MRI（funcitonal MRI）という手法を用いて2000年頃より盛んに研究が行われた。その結果、ディスレクシアのある人たちでは左頭頂側頭部と下後頭側頭回の二つの脳領域の活動の低下が見られることについて、おおよそ一致した見解が得られている。さらに最近の知見として、①言語による違い、②読みの習得による脳の変化、③脳画像からその後の読み能力を予測できるか、という三つの研究について紹介されている。最後に、読み書きの習得以前の脳活動（脳波を用いて検査される）や脳構造と、その後に習得される読み能力との関連を検討したフィンランドの縦断研究が紹介され

ている。この研究は、筆者らが行ってきた幼児期からの縦断研究とも関連する研究と言えるだろう。

　なお、これらの縦断研究には、家系的なリスクのある子どもたちが対象群として選ばれることが多い。ディスレクシアの発生頻度は言語や調査方法により異なるもののわずか数％のオーダーであり、100人の子どもを縦断調査してもたった数名しか該当の子どもが含まれず、十分な数の対象者を得ることが困難である。ところが、第4章で述べられているようにディスレクシアには遺伝的要因があるため、家系内にディスレクシアのある人がいる場合には、その子どももディスレクシアを持つ可能性が高くなる。もちろん家系的なリスクのある子どもの全てがディスレクシアになるわけではないので、家系的リスクのある子どものうちディスレクシアとなった子どもと、リスクがあるが結果的にはディスレクシアではなかった子ども、リスクがなくディスレクシアにもならなかった子どもを比較する。このような工夫で、統計的にも十分検討を行うことが可能となるとともに、生物学的素因と生育環境との関連も検討することができる。

〈第6章〉　ディスレクシアには何が有効か
　この章では、英語圏でディスレクシアの子どもに対する有用性が確認されている指導法についてかなり具体的に紹介されている。その中核となっているのは、「支援への反応アプローチ（Response to Intervention）」と呼ばれる方法であり、「RTIモデル」と略される。その必須要素となるのは、①すべての子どもを対象とするスクリーニング、②科学的根拠に基づく支援、③進捗のモニタリングであり、指導を行った上での進捗（反応）を評価し、それをその後の支援の

手がかりとしていくことから、「支援への反応アプローチ」と言われる。「介入（intervention）」とは、ある状態に対して改善を目指して働きかけを行うことを指す言葉であるが、その強権的なニュアンスを嫌って、「Response to Instruction」という言葉が使われることも多く、日本でも「支援への反応」と訳されている。もともとは米国の特別支援教育の中で用いられてきたものであるが、ディスレクシアを含む学習障害への支援枠組みとして世界的に用いられるようになってきている。

　RTI モデルは支援の枠組みであり、必須要素の二つ目である「科学的根拠に基づく支援」として何を用いるのかが重要である。ディスレクシアに対する支援の歴史が長い英国では数多くの指導法が提唱されてきた。筆者は、最も有効な支援について、「音韻意識と文字の知識、そしてそのふたつをつなげることを狙った総合的な活動があり、さらに読解力を補強し、読みの流暢性を高める訓練を含むもの」（P. 138）と述べた上で、「一般的に効果的とされる読み指導の内容と変わらない」と述べている。一般の子どもとは異なる特殊な指導法が有効なのではなく、読み能力の発達を踏まえた包括的な支援を、子どもの能力のレベルに合わせて、系統立てて行っていくことの有効性を述べている。さらに本章の後半では、「効果がないこと」として、特定の認知能力や感覚情報処理にだけ働きかけるような介入方法について、研究を挙げて否定、もしくはその限界への言及を行っている。

　さらに、読み書きの学習が始まる前に行う早期介入の可能性として、音声言語能力（話し言葉）への支援について紹介されている。幼児期の話し言葉への介入はスノウリング教授の近年の最も中心と

なるプロジェクトであり、読み発達への有効性が確認されつつある。

　特異的な学習障害としてのディスレクシア、すなわち、他の能力は問題がないにも関わらず読み書きだけにつまずく子どもたち、への支援にようやく目が向き始めた日本では、「音声言語能力への支援を」と言われると、読み能力に特化しない従来の指導に戻ってしまうような印象を受けるかもしれない。しかし、実際に支援に関わっていると、特異的な読み障害があるにしても、それに加えて音声言語能力の乏しさがあり、それが読み能力の改善の妨げになっていると感じられることは多い。また、グローバル化やデジタル化の中で、音声言語能力の発達に問題を抱える子どもたちも増えている。スノウリング教授らのアプローチは今後、日本においてもますます重要になってくるのではないだろうか。

〈第7章〉　三つのC——警鐘（caveats）、併存（comorbidities）、代償（compensation）

　最終章にあたる第7章は、本書の目的であった、ある特徴を持つ人たちを「ディスレクシア」と呼ぶことにどのような意味があるのか、という問題に立ち戻り、筆者の見解が述べられる。

　まず、筆者もメンバーを務めた英国のディスレクシア専門家諮問グループが、2009年に出した報告書『ディスレクシアなど読み書き障害のある子ども、若者を見出し、支援する（*Identifying and Teaching Children and Young People with Dyslexia and Literacy Difficulty*）』において示された、ディスレクシアの実践的定義が紹介される。これは、専門家の間で、一定のコンセンサスが取れた事項をまとめたものと言える。詳しくは本文を読んでいただきたいが、

ここで示されている五つの事項は、ディスレクシアに関わる支援者や研究者が、外してはならない共通理解と言って良いだろう。

その上で、ブルース・ペニントンの Multiple-deficit model（多重不全モデル、2006 年）を引きながら、このモデルを第4章や第5章で述べた遺伝子や脳機能の異常、環境の役割にも拡張して論じている。その内容は、第3章で「必要なのは多様な手法で出された例証を統合し、ディスレクシアが生じる筋道を説明できるような概念的枠組み」を導き出すこととして、筆者が述べたディスレクシアの認知的要因を理解するための枠組みとも重なる。

そして、最後に折に触れて述べてきた3人のディスレクシアのある人たちにもう一度触れながら、「ディスレクシアをディスレクシアと呼ぶことの意味」が述べられる。その主張は明確で力強い。

以上、各章の概要を示したが、あらためて感じるのは、筆者の見識の広さと、臨床家としての温かい眼差しである。また、著者のストーリーテラーとしての卓越した力にも目を見張る。章ごとに異なる内容について書かれているが、筆者の見解は一貫しており、広範な分野にわたる研究を取り上げ、例として挙げた子どもや大人のエピソードに触れながらも、そこに向かって澱むことなく流れていく。読み終わって感じるのは爽快感である。

本書は難しい表現はなくスラスラと読めるのだが、実は膨大な研究知見に裏付けられている。ディスレクシアに関する研究に長く関わってきたものとして、私自身はその一つ一つには論文として読んだことのあるものも多い。しかし、本書を読んだことで、これまでバラバラに存在していたディスレクシアに関する知識のあれこれが、

ストンと居場所を見つけて収まる印象があり、視界が開ける思いがするのである。

翻訳について

　本書の翻訳は、屋代通子さんにお願いをした。屋代さんは、自然科学系の一般書から人文社会系の専門書まで、多くの著書の訳を手がけておられる翻訳者である。初校の段階から、日本語として自然な、大変読みやすい訳をつけてくださった。

　しかし、本書は一般向けの本として書かれているものの、研究に基づいた内容になっている。日本における本書の読者には、研究者や学生も含まれることを想定し、日本における研究論文や専門書で使われている用語や原文が推察できる訳を用いることとした。一部、馴染みのない用語や不自然な表現もあると思われるが、それは監訳者としての私の選択の結果である。ご了解いただければ幸いである。

　繰り返しになるが、本書の原書も平易な分かりやすい英語で書かれている。若い研究者や学生の皆さんには、是非、原書でも読んでいただき、もともとの用語や表現を確認していただい。ディスレクシアに関する論文や専門書を読んでいく際の良いガイドになるだろうと思う。

おわりに

　この本の縁もあり、2023 年秋に、筆者のスノウリング教授とヒューム教授を札幌にお呼びして研究会を行う機会に恵まれた。子どもの読み発達に関する議論の中で、日本語の文字体系に関心をもたれ、数多くの質問を受けた。理知的で知的好奇心に溢れる女性で

あった。公私のパートナーであるヒューム教授と、互いに補足しあい、時には異なる見解を述べながら、話を進めていかれる姿が印象的であった。

　ディスレクシアのある人たちとスノウリング教授との個人的な関わりについてもお話を伺うことができた。ディスレクシアに限らず、女性、地方出身者、非母語話者、貧困家庭など、不利な状況におかれている人たちへの教育に対する思いが、言葉の端々から感じられた。2022 年に出版された "dyslexia, a history"（Philip Kirby, Margaret J. Snowling 著, McGill-Queen's University Press）の執筆にあたっては、ディスレクシアの支援団体の設立に関わった保護者たちにもインタビューを行ったとのことである。ディスレクシアの歴史は、子どもや家族のために闘った女性の歴史でもあると述べておられた。

　　ディスレクシアがあるからといって、現行の教育制度から取り残されていいはずがない。親たちは、自分の子どものニーズを認めてもらおうと闘う必要などない。ディスレクシアが存在することには、確固たる科学的裏付けがある。

　これは、この本の最後のページにある言葉である。科学的知見の蓄積は、教育や支援の根拠となり、読み書きの習得につまずく子どもや家族への力となる。スノウリング教授の思いを、この本を通して読者の皆さんに届けることができることを嬉しく思う。

著者紹介

マーガレット・J・スノウリング（Margaret Jean Snowling）

1955 年、イギリス生まれの心理学者。ブリストル大学卒業後、ロンドンの UCL の MRC 発達心理学部門にて博士号を取得。2022 年までオックスフォード大学セント・ジョンズ・カレッジの学長兼実験心理学科教授を務めた。ディスレクシアを含む言語障害の世界的研究者。Philip Kirby との共著に、Dyslexia: A History（McGill Queens Univ, 2022）、Charles Hulme、Kate Nation との共編に The Science of Reading: A Handbook（Wiley-Blackwell, 2022）。邦訳に、チャールズ・ヒュームとの共著『発達的視点からことばの障害を考える──ディスレクシア・読解障害・SLI』（原惠子監訳、ぎょうせい、2016 年）など。

監訳者紹介

関あゆみ（せき　あゆみ）

島根県松江市出身。北海道大学教育学部教授。鳥取大学医学部卒業、同博士課程医学系研究科修了、博士（医学）。鳥取大学地域学部准教授、北海道大学教育学部准教授を経て、2021 年より現職。専門は学習障害の脳機能と支援方法に関する研究。主な著書として、小枝達也との共著による「T 式ひらがな音読支援の理論と実践─ディスレクシアから読みの苦手な子まで」（中山書店）。

訳者紹介

屋代通子（やしろ　みちこ）

兵庫県西宮市生まれ。札幌市在住。出版社勤務を経て翻訳業。主な訳書に『シャーマンの弟子になった民族植物学者の話　上・下』『虫と文明』『馬の自然誌』『外来種のウソ・ホントを科学する』『木々は歌う』『樹木の恵みと人間の歴史』（以上、築地書館）、『ナチュラル・ナビゲーション』『日常を探検に変える』（以上、紀伊國屋書店）、『数の発明』『ピダハン』『マリア・シビラ・メーリアン』（以上、みすず書房）など。

ディスレクシア

2024年1月10日　初版第1刷印刷
2024年1月20日　初版第1刷発行

著　者　マーガレット・J・スノウリング

監訳者　関あゆみ

訳　者　屋代通子

発行者　渡辺博史

発行所　人文書院

〒612-8447
京都市伏見区竹田西内畑町9
電話　075-603-1344
振替 01000-8-1103

装　幀　鎌内文
印刷所　モリモト印刷株式会社

好評既刊書

マルタン・ジュベール 著
佐藤愛、吉松覚 訳

自閉症者たちは何を考えているのか？

3520円

自閉症者にはどのような精神的メカニズムがはたらいているのか。彼
らが「考える」内なる世界に、精神分析アプローチからせまる。フラ
ンス精神分析による六つの臨床ケースと分析。

2024年1月現在価格は税込　消費税10%の場合